1930年代における日本の金融政策

―時系列分析を用いた定量的分析―

内藤友紀 著

関西大学出版部

【本書は関西大学研究成果出版補助金規程による刊行】

目　次

序章　本書の背景と構成 …………………………………………… 1
　1．本書の背景 ………………………………………………………… 1
　2．本書の課題と構成 ………………………………………………… 2

初出一覧 ……………………………………………………………… 5

第1章　マネーと実体経済の長期的関係 ……………………… 7
　　　　　──信用乗数と貨幣需要の安定性──
　1．はじめに ………………………………………………………… 7
　　(1) 本章の目的
　　(2) 先行研究整理
　2．分析のフレームワーク ………………………………………… 10
　　(1) 分析時期
　　(2) データ系列
　3．信用乗数 ………………………………………………………… 12
　　(1) 信用乗数とは
　　(2) 単位根検定
　　(3) 共和分検定
　　(4) ECMによる短期的関係の推定
　　(5) 分析結果
　4．マネーと実体経済の長期的関係 ……………………………… 16
　　(1) 長期貨幣需要関数

(2) 単位根検定
　(3) 共和分検定
　(4) ECM による短期的関係の推定
　(5) 分析結果
　5．まとめ……………………………………………………… 21

第2章　金利の期間構造……………………………………… 29
　　　　──政策操作変数の分析──
　1．はじめに……………………………………………………… 29
　　(1) 本章の目的
　　(2) 金融政策の操作変数
　　(3) 先行研究
　2．分析のフレームワーク……………………………………… 32
　　(1) データ系列
　　(2) 単位根検定
　　(3) 共和分検定
　　(4) グランジャー因果性検定
　3．実証分析……………………………………………………… 33
　　(1) 単位根検定
　　(2) 共和分検定
　　(3) グランジャー因果性検定
　4．まとめ……………………………………………………… 40
　　(1) 結論
　　(2) まとめと課題

第3章　インフレ期待……………………………………… 45
　　　　──共和分検定によるフィッシャー効果の分析──
　1．はじめに……………………………………………………… 45

(1)本章の目的
　　(2)フィッシャー効果とは
　　(3)時代的背景
　　(4)先行研究
　2．データ……………………………………………………………49
　　(1)期待インフレ率
　　(2)名目利子率
　3．分析のフレームワーク……………………………………………50
　　(1)単位根検定
　　(2)共和分検定
　4．実証分析…………………………………………………………52
　　(1)単位根検定
　　(2)共和分検定
　5．まとめ……………………………………………………………55
　　(1)結論
　　(2)まとめと課題

第4章　金融政策の効果……………………………………………61
　　　——構造VARモデルによる政策効果の分析——

　1．はじめに…………………………………………………………61
　　(1)本章の目的
　　(2)先行研究
　2．分析のフレームワーク……………………………………………65
　　(1)分析の期間
　　(2)金融政策変数
　　(3)データ系列
　　(4)構造VARモデル
　　(5)ラグの次数

3．実証分析……………………………………………………68
　(1) 金融政策ショックに対するインパルス反応関数
　(2) 予測誤差の分散分解
　(3) 頑健性の検証
4．まとめ……………………………………………………80

第5章　金融政策と財政の持続性……………………………91
　　　　──マネー残高とインフレ率の長期関係──

1．はじめに…………………………………………………91
　(1) 本章の目的
　(2) 1930年代の日本財政とシニョレッジ
　(3) 先行研究
2．シニョレッジ……………………………………………94
　(1) シニョレッジとは
3．分析のフレームワーク…………………………………97
　(1) データ系列
　(2) 単位根検定
　(3) 共和分検定
　(4) VECM（誤差修正モデル）
4．実証分析…………………………………………………99
　(1) 単位根検定
　(2) 共和分検定
5．まとめ……………………………………………………103
　(1) 結論
　(2) まとめと課題

第6章　為替レートと貿易………………………………107
　　　　──為替変動と輸出入の定量的分析──

目　次

1．はじめに……………………………………………………107
　(1) 本章の目的
　(2) 1930年代の為替レート政策
　(3) 先行研究
2．分析のフレームワーク……………………………………109
　(1) 分析の期間とデータ系列
　(2) 分析手法
　(3) 単位根検定
3．実証分析……………………………………………………113
　(1) ラグ次数の選択
　(2) グランジャー因果性の検定
　(3) インパルス反応関数
　(4) 予測誤差の分散分解
4．追加検証……………………………………………………123
　(1) 構造変化の可能性
5．まとめ………………………………………………………127
　(1) 分析結果
　(2) 結論と課題

終章………………………………………………………………139
　1．各章の分析結果…………………………………………139
　2．まとめ……………………………………………………142

原データ一覧……………………………………………………145
参考文献…………………………………………………………149
あとがき…………………………………………………………155
索　　引…………………………………………………………157

序　章　本書の背景と構成

1．本書の背景

　1930年代の日本は、その初頭に1920年代末からの世界的な大恐慌とデフレーションから世界に先駆けて立ち直ったとされている。当該期の日本の金融システムは、いわゆる再建金本位制から事実上の管理通貨制への移行期であり、それまでの金本位制が本質的に持っていた対外均衡的な通貨価値の調整メカニズムや国内物価の価値安定基準が放棄され、日本銀行が国内経済政策を対外均衡より優先して裁量的に遂行し得る新しい金融政策レジーム下にあった[1]。こうした金融政策レジーム自体が、1970年代以降の変動相場制下の金融政策体系に通じるものである上に、当該期の政策目標である不況からの脱出やデフレの克服は2000年代以降の現代日本のそれと相似的であり、1930年代の金融政策について考察することは現代においても極めて重要であると考えられる。

　また、その後の日本は1937年7月に日中戦争に突入し、1941年からの太平洋戦争末期から戦後期にかけてはハイパー・インフレーションと極めて大きな生産の落込みを経験することになった[2]。このことから、1940年代に入ってからは、日本銀行は金融政策のコントローラビリティーを喪失していたことが想定される。そこで重要なのは、1930年代の金融政策レジームが、本当に政策効果を上げていたのか（本質的に破綻を内包していたのか）、また当初効果を上げていたのが正しいならばいつからそれが破綻したのかという問題である。このことを明らかにするためには、そうした政策効果自体を定量的に計測することや、当該期の日本銀行の金融政策の様々な影響やそれをとりまく経済的環境に

は1930年代を通じた長期的な安定性があったのか、またそれはどのような特徴をもっていたのか、などをレジーム期間に限定して考察することが必要になってくる。

1930年代の日本銀行の金融政策レジームの成果についての是非と、そのおかれていた環境については、多くの異なった見解が存在し豊富な先行研究の蓄積があるが、その多くは記述的な分析を中心とするものであり[3]、当該期全体について体系的に計量分析をおこなった著作は近年の鎮目［2009］や原田・佐野［2012］など数例に止まっている[4]。しかし、ある一定期間における経済変数間にどのような相互関係があったかということは、極めて数量的・統計的な問題であり、定量的な分析が可能である。したがって、1930年代の日本銀行の金融政策とそのおかれていた金融的環境についても、当該期の経済時系列データ等を用いて計量的に実証分析することが必要である。

2．本書の課題と構成

本書の課題は、上記のような問題意識から、1930年代の日本銀行の金融政策の効果とそのおかれた金融環境について、様々な側面から当該期の経済時系列データ（月次）を用いて定量的に明らかにすることである。本書の構成は以下の第1章～第6章からなる。

第1章では、1930年代の日本における信用乗数の安定性と貨幣需要関数の安定性に関して、①ベースマネーとマネーサプライ、②マネーサプライと生産変数、の間の長期的均衡関係について共和分検定（Cointegration test）を用いて分析する。この分析によって、日本銀行によるマネーサプライ自体の制御可能性と、マネーサプライと実体経済の間の長期的な安定性の有無を明らかにし、当該期について金融政策自体がその有効性を保持し得た時期であったか否かを定量的に検証する。

第2章では、1930年代の日本における金利の期間構造について、①公定歩合、②コールレート、③銀行貸出金利、④国債利回り、という4種の金利系列デー

タを用いた共和分検定をおこなう。この分析によって、各系列間に安定した長期関係が存在していたか否かを検証し、当該期の金利の期間構造から金融政策の操作変数について考察する。

　第3章では、1930年代の日本におけるインフレ期待について、2種の物価インデックスと3種の金利データを用いた共和分検定をおこなうことにより、両系列間に安定した長期関係が存在したか否かを検証し、当該期にフィッシャー効果が観察されるか否かを実証する。

　第4章では、1930年代の日本銀行による金融政策の効果について、①ベースマネーを金融政策変数とし、②コールレート、③小売物価指数、④鉱工業生産指数、⑤名目対米為替レートの5変数で構築された構造VAR（Structural Vector Auto-Regression）モデルを用いて、金融政策のショックが実体経済（物価や生産）に与えた影響についてインパルス反応（Impulse-responses）関数の形状と予測誤差の分散分析（forecast error variance decomposition）から定量的に分析する。

　第5章では、1930年代の日本における財政の持続可能性について、①ベースマネーと②通貨発行残高、及び③卸売物価指数を用いた単位根検定・共和分検定およびVECM（Vector Error Correction Model）推計をおこなうことで、通貨残高と物価変動率の両系列間に安定した長期関係が存在したか否かを検証し、財政金融システムの持続可能性を検証する。

　第6章では、1930年代の日本の為替レート政策が当該期の貿易にどの様な影響を与えたかについて、2種の為替レート（①円－ドル・レートと②円－ポンド・レート）と③輸出額・④輸入額を用いた4変数及、金利系列を加えた5変数の誘導型VARモデルを構築し、当該期の為替レートの変動と輸出入額の変動の関係を定量的に検証する。

　最後に終章で、第1章～第6章で得られた実証結果からのインプリケーションを纏める。

1) ここでいう「政策レジーム」とは T. サージェントや P. テミンが定義する「政府と中央銀行が下さねばならない個別的決定を貫く心棒」としての基本的政策体制のことである（テミン［1989］、121ページ）。
2) 当然のことながら、生産の落込みは金融政策の問題ではなく、戦災による社会資本や工業設備の破壊によるところが大きい。
3) 石井編［2001］、第3章を参照のこと。
4)「政策レジーム」に着目した研究としては、第3章で触れる岡田・安達・岩田（2002）や、飯田・岡田（2004）がある。これらの研究では、金本位制離脱と日銀の新規発行国債直接引受という二つの政策をレジーム変化とする「2段階レジーム論」を展開しており、高橋財政期（＝1930年代）をひとつのレジームとして分析する本書の視点とは異なっている。

初出一覧

　本書の各章で行われている分析は、以下の研究論文をベースとし大幅に加筆修正したものである。

序章　書下ろし

第 1 章
「1930年代日本のマネーと実体経済の長期的関係について——信用乗数と貨幣需要関数の安定性——」単著『社会経済史学』74巻 4 号、pp.47-63、2008年11月．

第 2 章
「1930年代の日本における金利の期間構造——共和分検定による政策操作変数の分析——」単著『政策創造研究』第 9 号、関西大学、pp.125-143、2015年 3 月．

第 3 章
「1930年代の日本におけるフィッシャー効果について——共和分検定による実証分析——」単著『経済論集』第60巻第 2 、3 号、pp.53-66、2010年12月．

第 4 章
「1930年代における金融政策の効果」単著『政策創造研究』第 3 号、関西大学、pp.15-39、2010年 3 月．

第 5 章
「1930年代の日本におけるシニョレッジについて——実質マネー残高とインフレ率の長期関係から見た財政持続性——」単著『経済論集』第62巻第 2 号、pp.179-193、2012年 9 月.

第 6 章
「1930年代の日本における為替レート政策の効果——為替変動と輸出入の関係についての定量的分析——」単著『政策創造研究』第 6 号、関西大学、pp.47-80、2013年 3 月.

終章 書下ろし

第1章 マネーと実体経済の長期的関係
―信用乗数と貨幣需要の安定性―

1. はじめに

(1) 本章の目的

　本章の目的は、1930年代の日本における信用乗数の安定性と貨幣需要関数の安定性に関して、当該期の経済時系列データを用いて分析することによって、当該期が日本銀行の金融政策自体が有効性を保持し得た時期であったか否かについて定量的に検証することである。より具体的には、当該期の月次データを用いた時系列分析の方法によって、①ベースマネー（BM）とマネーサプライ（M1）の長期的均衡関係と、②マネーサプライ（M1）と生産変数（IIP：鉱工業生産指数）の間の長期的均衡関係について、その有無を明らかにする。

　本章の構成は以下の通りである。まず第1節では先行研究を概観する。次に第2節で、本章の分析期間や使用データなどの分析フレームを整理する。続く第3節では、当該期の信用乗数（貨幣乗数）の安定性について、ベースマネー（BM）とマネーサプライ（M1）の2変数間の共和分検定（Engle-Granger test, ADF test for cointegration 及び、Johansen Cointegration test）を用いて計測する。そして第4節において、実体経済の指標としての所得 Y（IIP 鉱工業生産指数）と、貨幣供給量 M1 の二変数に関して、両変数間に安定的な長期的均衡関係が成立しているか否かについて同様に共和分検定を行って計量的に検証する。最後に第5節で、第3節・第4節における実証結果を概括し、本章における結論を導く。

(2)先行研究整理

　1930年代日本のマネーの制御可能性の問題についての記述的な先行研究には豊富な蓄積がある。まず吉野［1962］・［1977］・［2001］は、高橋財政期を戦時・戦後のハイパー・インフレーション期へと連続して捉え、高橋財政とそれに続く戦時期とに一貫した連続性を見て同一視した。そして1930年代の日本銀行を、規律がない「政府資金の無制限供給機関」化したものとして完全に否定し、日本銀行は金融政策の制御能力を喪失していたとしている。また島［1983］は当該期の金融政策スキームが、そのスタンスを引締めにできなくするメカニズムを含むものであり、宿命的に低金利政策を持続せざるを得なかった体制だとしている。そして日本銀行［1984］は、「このような局面を迎えるのは昭和10年代（1935年）に入ってから」[1]として、高橋財政の実施当初の限定的な効果を認めつつ、新発国債日銀引受けの基本的な問題点（金融政策遂行能力の低下）を重視して、その後半期（1935年以降）にはインフレーション抑制の機能を失っていたとしている[2]。これらの研究では、基本的に新規発行国債の日銀直接引受制度が金融政策の機能を根本的に破壊したのであり、1930年代の金融政策レジームは戦時期・戦後期のハイパー・インフレーションへと直接繋っていた、として批判的に捉えていると考えられる。それに対して、Kindleberger［1973］は、各国の世界恐慌への対応を比較検討する中で、日本の高橋財政がケインズ的な乗数機構を（直感的に）理解したインフレーション政策の成功例であるとしている。また若田部［2003］や田中・安達［2003］、安達［2006］らの研究は、「マッカラム・ルール」[3]などの検討からも高橋財政期のベースマネー拡大は適正であり、金本位制離脱と新発国債日銀引受けという「２段階のレジーム転換」によって、高橋財政は1920年代末からのデフレーションを克服するリフレーション政策に成功していた、としている。このようなリフレーション政策の是非（さらにはインフレーションの制御可能性）についての論争は、すでに1930年代当時からおこなわれているが、いまだに決着をみていない問題である[4]。

　この問題（信用乗数の安定性）についての数量的な研究としては、鎮目

［2002］が「テイラー・ルール」[5]を用いて、日本銀行の金融政策運営（政策目標）を検証し1930年代の日本銀行は「国内経済の安定につながる方向（counter-cyclical カウンター・シクリカル）での金融政策運営」を必ずしもおこなっていなかったと結論づけていた上で、「補論1、通貨関連指標の動き」のなかで、信用乗数（＝各種通貨量指標／ハイパワードマネー）とマーシャルのkについても分析している[6]。しかし、①データが年次であり、②分析期間がより長期であること、から本章の実証とは相違点がある。

一方、戦間期の日本の金融指標と実体経済の間の関係性の分析については、記述的な分析・計量的な分析を含めてあまり多くない。まず岡崎［1993］が、3変数（ディフュージョン・インデックス、マネーサプライ、金利スプレッド）のVARモデル（Vector Auto-Regression model）を用いた推計を行い、金融危機が実体経済に与えた影響について分析している[7]。また、1930年代（1930年10月〜1936年9月）のデータを用いて、世界生産、財政政策変数（実質政府債務）、金融政策変数（ベースマネー）、実質賃金、生産指数（鉄道輸送量）、輸出数量、の6変数VARの分析を行ったCha［2003］や、戦間期（1926年1月〜1938年4月）のデータを用いて、財政政策変数（実質一般会計歳出）、金融政策変数（狭義マネーサプライ）、輸出数量指数、生産指数、卸売物価指数の制約なしの5変数VARを計測した中澤・原田［2004］、さらには生産（鉱工業生産指数）、マネー（M1）、銀行貸出、コールレート、物価指数（小売物価指数及び卸売物価指数）の5変数によるVECM（Vector Error Correction Model）を用いて、マネーと銀行貸出の重要性を定量的に比較した原田［2005］などの実証的研究がある[8]。

しかし、これらの先行研究は、いずれも①マネーと実体経済の長期的均衡関係に焦点を当てる分析ではないこと、②戦間期全体に跨る分析であること（1930年代に限定された分析でないこと）、の二点から本章の分析とは視点が異なるといえる[9]。

2．分析のフレームワーク

(1)分析時期

　一国の通貨体制とマクロ経済の関係においては、一般的に①為替レートの安定、②国内経済の安定（金融政策の自律性）、③自由な資本移動、の三者を同時に達成する事はできないという命題がある[10]。第一次世界大戦前（〜1914年）の日本は、いわゆる国際金本位体制の中に組み込まれており、基本的には、①の為替レートの安定と③の自由な資本移動とを同時に達成することを優先し、金融政策運営にあたっては②の国内経済の安定は犠牲にされていたと考えられる（＝固定為替レート制度）。

　次に1920年代の日本は、第一次世界大戦直後の正貨の流入による通貨供給量の増大によるインフレーションの後、旧平価復帰を念頭におき、①為替レートの安定、と③自由な資本移動の達成を目指しつつも、頻発する恐慌のもと②国内経済の安定をある程度配慮する金融政策運営（＝管理フロート制度）をおこなっていたと考えられる。

　1930年代に入り、浜口雄幸民政党内閣期、井上準之助蔵相のもと金輸出が解禁されて（1930年1月11日）、日本は再建金本位制に復帰したが、1929年のニューヨーク株式市場大暴落に端を発する世界恐慌の日本への波及である昭和恐慌と、1931年9月のイギリスの金本位制停止を契機とする正貨の流出によってその維持が困難になった。その結果として1931年12月には犬養毅政友会内閣によって金輸出は再禁止され、日本は事実上の管理通貨体制へと移行することになった。したがって、1930年代（1931年12月以降）は、②の国内経済の安定（金融政策の自律性）を優先し、①は放棄される（したがって為替レートを放任する）一方で、③の自由な資本移動は基本的に維持される、経済政策運営が行われるようになったと考えられる[11]。すなわち、当該期は日本が対外均衡に比して、国内経済政策を重視し得るようになった画期的な時期（日本銀行が、アンカーとしての金平価から公式に離脱し、国内的な産出量や物価安定政策を追求することが出来るようになった時期）であると言える[12]。こうして戦前期

の金融政策レジームの変遷を概観してみると、1930年代は、1973年12月のスミソニアン体制崩壊以降の現代日本と同様の管理通貨制度の黎明期であることが解る[13]。

以上のような理由から、本章の分析時期を、日本銀行が金融政策の有効性を追及でき得るレジーム下にあった、1931年12月（金輸出再禁止）から1937年7月（日中戦争開始）までとする[14]。

(2)データ系列

本章の分析に用いる変数は、①ベースマネー（BM）、②マネーサプライ（M1）、③鉱工業生産指数（IIP）、④コールレート（call）、⑤株価指数（SP）である[15]。

ベースマネーは、日本銀行が他の経済主体に対して提供する決済手段であり、具体的には日本銀行が発行する現金と、銀行が日本銀行口座に保有する準備預金とによって構成される。また狭義マネーサプライ（ここではM1）は、日本銀行を含む銀行部門が民間非銀行部門（企業や家計など）に提供する決済手段であり、現金の他に企業や家計の決済性預金を含む指標である。したがって本章では、ベースマネーは日本銀行調査局編［1964］・［1978］の日本銀行兌換券発行高に日本銀行一般預金を加えたもの、マネーサプライは藤野・五十嵐［1973］の推計による銀行外当座預金残高と銀行外現金残高の合計としている。

これらのデータはいずれも月次で、コールレートを除く各変数は移動平均法によって季節調整を行った後、自然対数変換している。使用する各データのうち、特にベースマネーBM（LOGBM）とマネーサプライM1（LOGM1）の時系列の関係を第3節で、マネーサプライM1（LOGM1）と鉱工業生産指数IIP（LOGIIP）の時系列の関係を第4節で扱うことになる。

3. 信用乗数

(1)信用乗数とは

　日本銀行によるベースマネー供給が、マネーサプライ創出に影響を与える課程は、①銀行部門への日本銀行のベースマネー供給、②民間非銀行部門（企業・家計など）への銀行部門への貸出などによる信用供給、③供給された信用の民間非銀行部門（企業・家計など）による現預金としての保有（または民間非銀行部門での移転）、という諸段階に分けられる。このとき、③の段階で供給された信用が預金という形で民間非銀行部門から銀行部門へと還流すれば、銀行部門は②の与信業務を再びおこなうことが出来るため、マネーサプライは日本銀行によるベースマネー供給分以上に増大することになる（＝信用創造）。

　銀行システム全体による信用創造の基となるベースマネー1単位の供給が、どれだけのマネーサプライを創出するかという比率（乗数）が信用乗数 m である。信用乗数 m は以下の（1.1）式で表される（C：現金、D：預金、R：準備）。

$$m = M1/BM = (C/D + 1)/(C/D + R/D) \qquad (1.1)$$

　したがって、信用乗数が安定しているということは、ベースマネーの弾性値とマネーサプライの弾性値の間に安定した長期関係が存在するということと同義であると考えられる。ただし、C/D は預金に対する現金の比率、R/D は預金に対する準備の比率であることから、信用乗数の安定性を考察する際には、その通貨種類別の要因を分解することなども重要であると考えられるが、本章ではあくまで信用乗数 m 総体の安定性に限定した分析をおこなうこととする。

(2)単位根検定

　lnBM と lnM1 の数値変化は、それぞれのグラフを比較してみると相関しているようにも見える[16]。しかし、単位根（unit root）を持つ経済変数同士の相

関は「みせかけの相関（Spurious Regression）」[17]である場合があり、このような2変数を用いた推計は計量経済分析では全く意味のないものとなってしまうことが判っている[18]。つまりこのような非定常な経済変数を用いた推計では、仮に回帰分析の決定係数が高かったとしても、両変数の間に経済学的な関係があるという結論は導けなくなるのである。

そこで、まずADF検定（Augmented Dickey-Fuller test）によって、ベースマネーBMとマネーサプライM1の定常・非定常性についての検定を行う[19]。ここでいう時系列における定常性とは、データの平均と分散および自己共分散が近似的に時間差のみによって定まることである。また、ADF検定の詳細については本稿では触れないが、ここではいずれも、「検定対象の時系列が単位根を持つ（非定常である）」という帰無仮説を立て、それが棄却できるか否かによっておこなう検定である[20]。

検定結果は（表1-1）の通りである。（表1-1）では、lnBM、lnM1の2変数についてのレベル及び一回階差系列について、トレンド項と定数項を含むケース、定数項のみ含むケースの検定結果を記載している。まず、lnBMについてのADF検定の結果をみると、トレンド項の有無に拘わらず帰無仮説は棄却できず、単位根の存在が示唆された。すなわち、lnBMは非定常過程にあると考えられる。続いて、lnBMの一回階差系列についての検定結果をみると、1％の有意水準で帰無仮説が棄却され定常過程であることが示された。したがって、lnBMはI(1)変数だと判断される。一方、lnM1についての検定結果

表1-1　ADF検定（Augmented Dickey-Fullerテスト）①

変数	トレンド項+定数項	ラグ	定数項	ラグ	判定
lnBM	2.34	2	0.16	2	I(1)
ΔlnBM	-13.57***	0	-9.28***	1	
lnM1	-2.71	0	-1.29	0	I(1)
Δln(M1)	-9.88***	0	-9.88***	0	

注）*** は1％水準、** は5％水準、* は10％水準で単位根が存在するという帰無仮説が棄却されることを示す。またADF検定のラグ次数は、AIC基準（最大次数12）で選択した。

をみても、ADF検定・PP検定ともにレベル系列では非定常、一回階差系列では1％の有意水準で帰無仮説が棄却され定常であることが解る。したがってマネーサプライ lnM1 もベースマネー lnBM と同様に I(1)変数だと判断される[21]。

(3)共和分検定

(2)における単位根検定によって、ベースマネー lnBM とマネーサプライ lnM1 も共にレベル系列では非定常、一回階差系列では定常過程にある I(1)変数だということが確認できたため、両変数間の関係を調べるために共和分検定を用いることが出来る。両変数が共和分関係にあるとは、両変数系列が I(1)変数であるとき、両者の線型結合も I(1)変数になることが多いが、その線型関係が階差をとらずに定常である I(0)変数になる場合のことである。このとき、両変数は長期均衡関係にあるといえる。

共和分検定にはエングル＝グランジャー検定（Engle-Granger test, ADF test for cointegration）を用いる。エングル＝グランジャー検定で推計するモデルは、

$$\ln M1_t = \alpha + \beta \ln BM_t + \varepsilon_t \tag{1.2}$$

である。(1.2)式を OLS によって推計して誤差項 ε_t を求め、その残差系列（residual）に ADF 検定をおこなう。

検定結果は（表1-2）の通りである。（表1-2）が示すように、エングル

表1-2　共和分検定（Engle-Granger テスト）①

変数	統計量	ラグ
(lnBM、lnM1)resid	-4.26**	0

注）*** は1％水準、** は5％水準。* は10％水準で単位根が存在するという帰無仮説が棄却されることを示す。またラグ次数は AIC（最大次数12）で選択。臨界値は Davidson and Mackinnon [1993] の table20.2 より。

=グランジャー検定によって残差系列（residual）が非定常であるという帰無仮説が1％の有意水準で棄却され、I(0)系列であることが解った[22]。以上の検定結果から、ベースマネー lnBM とマネーサプライ lnM1 の2変数は共和分の関係にあり、両変数間には長期均衡関係が存在することが明らかになった。

(4) ECM による短期的関係の推定

(3)において、マネーサプライ lnM1 とベースマネー lnBM の間に共和分関係があることが明らかになり、1930年代の日本の信用乗数は安定していたと考えられることを見た。しかし、当然のことながら信用乗数は短期的には均衡水準から乖離し得る。

そこで、ECM（Error Correction Model：誤差修正モデル）によって、両変数間の短期的な関係を推計し、信用乗数の長期的な安定性について検討する。ECM とは、長期均衡水準からの乖離（誤差修正項）をモデルの説明変数に含めたもので、その係数の有意性から長期均衡からの乖離が生じた際の翌期以降の復元力をみるわけである[23]。ここで推計式に含める誤差修正項 ECT としては(3)において求めた共和分ベクトルからの乖離のラグ（1期）を用いる[24]。この ECT を含めて推計する ECM は、以下の（1.3）式である（ε_t は誤差項）。

$$\Delta \ln M1_t = \alpha \Delta \ln BM_t + \beta ECT_{t-1} + \varepsilon_t \qquad (1.3)$$

推計結果は、（表1-3）の通りで、誤差修正項は-0.26と有意（t値-3.28）に負の係数となっている。すなわち、長期均衡関係から誤差が生じた

表1-3　ECM（Error Correction Model）①

被説明変数	ΔlnBM	定数項	ECT	adj-R2	D.W.
ΔlnM1	0.12 (1.87)*	0.00 (0.51)	-0.26 (-3.28)***	0.14	1.73

注）各変数の下の括弧内は t 値。***は1％水準、**は5％水準、*は10％水準で有意。
　　誤差修正項 ECT は、（表1-2）で求めた共和分ベクトルからの乖離。

（乖離した）際には、翌期以降に逆の符号方向へと縮小的に調整され、長期均衡へと戻る動きが存在することを示している。この推計結果からも、両変数間には長期均衡関係が存在することが確認された。

(5)分析結果

これらの分析結果は、先述した鎮目［2002］における、年次データから作成された信用乗数が1932年までやや上昇しているものの、1933年以降は安定してほぼ横這いである、というグラフからみた直感的な分析結果と概ね整合的であるといえる[25]。以上のことから、1930年代日本の信用乗数は安定的であったといえる。

（1.1）式の定義からも明らかなように、信用乗数は、銀行の支払準備率と公衆の現金選好率によってその大きさが規定される。したがって、この1930年代の信用乗数安定の背景には、当該期日本における現金選好率の安定とともに、「銀行法」（1927年3月29日法律21号）、「銀行法施行細則」（1927年11月17日大蔵省令第31号）等により行政指導による民間金融機関の預金支払準備に関する基準が整備されつつあったことがある可能性が高い[26]。

4．マネーと実体経済の長期的関係

(1)長期貨幣需要関数

一般的にマネーと実体経済との関係は、①経済活動に対応して貨幣需要が変動する、②金融政策等による貨幣量の変動が実体経済に影響を与える、という双方向のものであるが、②の金融政策の実体経済への影響は基本的には短期的なものであり、長期的には貨幣は中立性を持っていると考えられる。そこで本章で推定するマネーと実体経済の間の長期均衡関係は、①の長期的な貨幣需要を示すものである。こうした安定した貨幣需要関数の存在は、日本銀行による実体経済安定化の前提となるものであるといえる[27]。

(2) 単位根検定

ここで第2節における検証と同様、まず ADF 検定によって、マネーサプライ M1、鉱工業生産指数 IIP、株価指数 SP、コールレート call の定常・非定常性についての検定をおこなう。単位根検定の結果は（表1-4）の通りである。（表1-4）では、lnM1、lnIIP、lnSP、call、lncall の5変数についてのレベル及び1回階差系列について、トレンド項と定数項を含むケース、定数項のみ含むケースの検定結果を記載している。

（表1-4）に明らかなように、マネーサプライ M1、鉱工業生産指数 IIP、株価指数 SP、コールレート call の各変数は、ADF 検定によってトレンド項の有無に拘わらず帰無仮説は棄却できず、単位根の存在が示唆された[28]。すなわち、各変数は非定常過程にあると考えられる。続いて、それぞれの一回階差系列についての検定結果をみると、ADF 検定・PP 検定ともに全ての変数について1％の有意水準で帰無仮説が棄却され定常過程であることが示された。よって、マネーサプライ lnM1、鉱工業生産指数 lnIIP、株価指数 lnSP、コールレート call（及び lncall）の5変数は I(1) 変数だと判断される[29]。

表1-4　ADF 検定（Augmented Dickey-Fuller テスト）②

変数	トレンド項＋定数項	ラグ	定数項	ラグ	判定
lnM1	-2.71	0	-1.29	0	I(1)
ΔlnM1	-9.88***	0	-9.88***	0	
lnIIP	-2.81	0	-0.47	1	I(1)
ΔlnIIP	-10.06***	0	-10.11***	0	
lnSP	-2.69	2	-0.73	2	I(1)
ΔlnSP	-6.87***	1	-6.89***	1	
call	-3.51**	0	-2.04	0	I(1)
Δcall	-7.49***	0	-7.51***	0	
lncall	-2.77	0	-2.31	0	I(1)
Δlncall	-8.87***	0	-8.89***	0	

注）*** は1％水準、** は5％水準、* は10％水準で単位根が存在するという帰無仮説が棄却されることを示す。また ADF 検定のラグ次数は、AIC 基準（最大次数12）で選択した。

(3)共和分検定

(2)における単位根検定によって、マネーサプライ lnM1、鉱工業生産指数 lnIIP、株価指数 lnSP、コールレート call、コールレート（対数変換）lncall の5変数が、レベル系列では非定常、一回階差系列では定常過程にある I(1) 変数だということが確認できた。したがって、各変数間の関係を調べるために共和分検定を用いることが出来る。共和分検定には前節同様にエングル＝グランジャー検定を用いる。エングル＝グランジャー検定で推計するモデルは、以下の4つである（ε_t は誤差項）。

$$\ln M1_{tt} = \alpha + \beta \ln IIP_t + \varepsilon_t \tag{1.4}$$

$$\ln M1_t = \alpha + \beta \ln IIP_t + \gamma \ln SP_t + \varepsilon_t \tag{1.5}$$

$$\ln M1_t = \alpha + \beta \ln IIP_t + \gamma \, call_t + \varepsilon_t \tag{1.6}$$

$$\ln M1_t = \alpha + \beta \ln IIP_t + \gamma \ln call_t + \varepsilon_t \tag{1.7}$$

まず (1.4) 式は、マネーと実体経済の2変数間の基本的な関係式であり、マネーサプライ lnM1 を被説明変数、鉱工業生産指数 lnIIP を説明変数とする、本稿が検証課題とする貨幣需要関数だと見なすことができる。

また、貨幣需要には、実体経済の水準以外にも取引動機などから資産要因や金利水準が影響を与える可能性が考えられる。そこで (1.5) 式は、資産取引の増加が貨幣需要に与える影響を考慮して、資産取引の代理変数として株価指数 lnSP を説明変数に加えたケースである。そして (1.6) 式と (1.7) 式は、金利水準の変化が貨幣需要に与える影響を考慮して、金利変数としてコールレートを説明変数に加えたケースである。このとき (1.6) がコールレートのみレベル変数のケース（semi log：セミ・ログモデル）、(1.7) はコールレートも対数変換したケース（double log：ダブル・ログモデル）である[30]。

第 1 章　マネーと実体経済の長期的関係

表 1-5　共和分検定（Engle-Granger テスト）②

変数	統計量	ラグ
(lnM1、lnIIP)resid	-2.94***	0
(lnM1、lnIIP、lnSP)resid	-3.09***	1
(lnM1、lnIIP、call)resid	-3.46***	0
(lnM1、lnIIP、lncall)resid	-3.54***	1

注) *** は 1 ％水準、** は 5 ％水準。* は10％水準で単位根が存在するという帰無仮説が棄却されることを示す。またラグ次数は AIC（最大次数12）で選択。臨界値は Davidson and Mackinnon [1993] の table20.2より。

これら（1.4）〜（1.7）式をそれぞれ OLS によって推計して誤差項 ε_t を求めて、その残差系列（residual）に ADF 検定をおこなう。検定結果は（表 1-5）の通りである。

（表 1-5）が示すように、エングル = グランジャー検定によって残差系列（residual）が非定常であるという帰無仮説がそれぞれ 1 ％の有意水準で棄却され、いずれも I(0)系列であることが解った[31]。

以上の検定結果から、マネーサプライ lnM1 と鉱工業生産指数 lnIIP の間には共和分が存在し、両変数間には長期均衡関係があることが明らかになった。

(4) ECM による短期的関係の推定

(3)の 4 つのモデルの検定によって、マネーサプライ lnM1 と鉱工業生産指数 lnIIP の間に共和分関係があることが明らかになり、1930年代の日本においてマネーと実体経済の長期均衡関係、言い換えれば貨幣需要関数は安定していたと考えられることが確認された。しかし、第 2 節で分析した信用乗数の場合と同様に、貨幣需要関数も短期的には均衡水準から乖離する可能性がある。

そこで、ECM によって、各モデルの短期的な関係を推計し、マネーサプライと実体経済の間の長期的な安定性について追加的に検討する。ここで ECM による短期的関係の推計式に含める誤差修正項 ECT としては(3)において求めた共和分ベクトルからの乖離のラグ（1 期）を用いる[32]。これを加えた短期

的関係のモデルを以下の4本の (1. 8) 〜 (1. 11) 式で推計する (ε_t は誤差項)。

$$\Delta \ln M1_t = \alpha \Delta \ln IIP_t + \beta ECT_{t-1} + \varepsilon_t \tag{1.8}$$

$$\Delta \ln M1_t = \alpha \Delta \ln IIP_t + \beta \ln SP_t + \gamma ECT_{t-1} + \varepsilon_t \tag{1.9}$$

$$\Delta \ln M1_t = \alpha \Delta \ln IIP_t + \beta call_t + \gamma ECT_{t-1} + \varepsilon_t \tag{1.10}$$

$$\Delta \ln M1_t = \alpha \Delta \ln IIP_t + \beta \ln call_t + \gamma ECT_{t-1} + \varepsilon_t \tag{1.11}$$

推計結果は、(表1-6) の通りである。(表1-6) が示すように、それぞれのモデルにおいて、誤差修正項の係数は -0.22 (以下カッコ内 t 値 -3.18)、-0.23 (-3.21)、-0.22 (-3.21)、-0.22 (-3.18) であり、有意な負の係数となっている。つまり、全てのモデルにおいてマネーと実体経済の間の長期均衡関係から誤差が生じた際に、翌期以降に逆の符号方向へと縮小的に調整され、長期均衡へと戻る動きが存在しているといえる。また、鉱工業生産指数の一回

表1-6 ECM (Error Correction Model) ②

被説明変数	ΔlnIIP	定数項	ECT	ΔlnSP	Δlncall	Δcall	adj-R2	D.W.
ΔlnM1	0.57 (3.08)***	0.01 (0.33)	-0.22 (-3.18)***				0.23	1.82
ΔlnM1	0.59 (3.05)***	0.00 (0.19)	-0.23 (-3.21)***	-0.03 (-0.24)			0.23	1.80
ΔlnM1	0.60 (3.15)***	0.00 (0.32)	-0.22 (-3.21)***		0.00 (0.79)		0.23	1.80
ΔlnM1	0.60 (3.11)***	0.00 (0.32)	-0.22 (-3.18)***			0.02 (0.54)	0.22	1.81

注) 各変数の下の括弧内は t 値。*** は1%水準、** は5%水準、* は10%水準で有意。誤差修正項 ECT は、(表1-5) で求めた共和分ベクトルからの乖離。

第1章　マネーと実体経済の長期的関係

階差系列 ΔlnIIP の係数は、それぞれ0.57（3.08）、0.59（3.05）、0.60（3.15）、0.60（3.11）となり、貨幣需要に有意に影響を与えていることがわかる。これらの ECM の推計結果から、1930年代の日本の貨幣需要関数は安定的である、という当節(3)における共和分検定の結果の頑健性が示された。

ただし、資産代替を考慮した株価指数 ΔlnSP を加えたモデルでは、係数の符号から貨幣需要に対して負の影響を与えているという結果が出たが、係数自体が小さい上に非有意である。また、コールレートを加えたモデルでも、セミ・ログモデル、ダブル・ログモデルともにコールレート Δcall、Δlncall の影響は0.00（0.79）と0.02（0.54）と、極めて小さいうえに係数は非有意である。これらの結果は、1930年代の日本では、短期の貨幣需要に関しては、他資産との代替関係が低かったこととコールレートが与える影響が極めて小さかったこと、を示している可能性がある[33]。

(5) 分析結果

1934年中の日本銀行の公債引受額が7億円だったのに対し、その売却額9億円であった。1932年からの景気急上昇にブレーキをかけ、景気拡大の安定的持続をはかったと考えられるこのような1934年の金融引締政策などは、こうしたマネーと実体経済の長期関係を前提にしていると考えられる[34]。また、本章のこれらの検証結果は「マッカラム・ルール」の検討から、1930年代の日本銀行による最適名目経済成長率を達成するためのベースマネー拡大が当該期のリフレーション政策に成功しており、高橋財政の終了後の「1937年半ば」に適正値に達する、としている安達［2006］らの先行研究の推計とも整合的である[35]。1930年代（～1937年7月）には、日本のマネーサプライと実体経済の間には安定的な長期関係が存在したのである。

5．まとめ

本章では、1930年代（1931年12月～1937年7月）のベースマネー（BM）、

マネーサプライ（M1）、鉱工業生産指数（IIP）、コールレート（call）、株価指数（SP）の月次データを用いて、当該期の信用乗数の安定性と、貨幣需要関数の安定性について分析した。

最初に、第2節において、ADF検定によるベースマネーBMとマネーサプライM1がともに非定常過程であるという結果を踏まえて、エングル＝グランジャー検定によって2変数間の共和分関係の有無を分析した。その結果、2変数間に共和分が存在することが明らかになった。また、ECMによる追加的な検証においても、ベースマネーBMとマネーサプライM1の均衡状態からの短期的な乖離が縮小する方向で調整されることが確認され、1930年代の日本の信用乗数が安定的だった、と結論付けられた。

次に、第3節において、ADF検定によるマネーサプライM1、鉱工業生産指数IIP、株価指数SP、コールレートcallが、それぞれ非定常過程であることを確認した上で、エングル＝グランジャー検定によって貨幣需要と実体経済の間に長期均衡関係があるか否かを4つのモデルによって分析した。その結果、4つのモデル全てにおいて、同検定によって貨幣需要と実体経済の間に共和分が存在することが実証された。さらに、ECMによる検証においても、4つのモデルともに誤差修正項の係数が有意に負であることが確認され、貨幣需要（マネーサプライM1）と実体経済（IIP）の均衡状態からの短期的な乖離が均衡へと戻るよう調整されることが観察された。これらの検定結果から、1930年代の日本のマネーと実体経済の長期均衡関係（貨幣需要関数）が安定的だったことが実証された[36]。

したがって、本章におけるこれらの実証結果から、1930年代の日本のマネーサプライM1が金融政策におけるいわゆる「中間目標」[37]としての要件を満たす金融変数であったと結論付けられる。もちろん、このことが1930年代の日本銀行がマネーサプライM1を金融政策の「中間目標」とする政策運営をおこなっていたということを意味するわけではないが、少なくとも以下の日本銀行の金融政策へのインプリケーションを得ることができる[38]。まず信用乗数が一定だったという事実から、1930年代の日本銀行は、ベースマネーを供給するこ

第 1 章　マネーと実体経済の長期的関係

とで信用乗数（信用創造）の過程を通じてマネーサプライをコントロール出来得る環境下にあった。また、マネーと実体経済の間に長期均衡関係がある、すなわち貨幣需要関数が安定していたという事実から、1930年代の日本銀行は（信用乗数が一定であるという環境のもと）マネーを一定の目標水準にコントロールすることで、実体経済における望ましい生産水準に対応させることが可能であった。

　すなわち、本章の結論は、新規発行国債の日本銀行直接引受制度が金融政策の機能を根本的に破壊し、1930年代の政策レジームが戦時期・戦後期のハイパー・インフレーションへと直接繋がる連続性を持っていたとする先述した吉野［1962］、島［1983］らの立場ではなく、1930年代の経済政策（レジーム）は日中戦争期以降とは質的相違があり、日本銀行のリフレ的経済政策がある程度成功していた時期であるとする三和［2003］や先述の安達［2006］、若田部［2003］らの立場と、より整合性がある[39]。つまり1930年代（〜1937年7月）の日本銀行は、金融政策の自律性を発揮し得る環境を保持し得ており、1940年代以降の戦時期・戦後期のハイパー・インフレーションに繋がるような金融のコントローラビリティー（制御能力）を喪失した状況にはなかったと考えられる。

　ただし本章の分析にはいくつかの課題が存在する。まず第1の課題として、本章が検証したのは、あくまでも1930年代の日本銀行が（インフレーション制御を含めた）マネーの制御可能性を有していたことのみであり、日本が戦時期に入った1937年7月以降のどの時期にそれを喪失し、結果的にハイパー・インフレーションへと向かったのかなどについては明らかにし得ていないことが挙げられる。戦時期に入って金融政策レジームは大きく変化したうえ、ハイパー・インフレーション期までの間には1939年7月の日米通商航海条約の破棄、1941年6月以降の対日経済封鎖開始、1941年12月の日米開戦などの歴史的事件があり、それらによる政策環境の変化が日本銀行の金融制御能力に大きな影響を与えた可能性がある。

　次に第2の課題として、本章の分析が数量化でき得る集計量のみをデータとして取り上げて分析しているという限界を持つことが挙げられる。例えば、

1930年代における経済政策が実施されるまでの政治過程や政策思想などの、必ずしも数値化できない重要な諸要因が存在する。

そして第3の課題として、本章のような分析手法には、モデルの定式化、データの収集および加工・計量的手法の選択などが分析の重要な前提となっていることから、必然的に分析が限定された世界・期間のみを取り上げ、その前提のもとに経済行動を解釈せざるを得ないという限界がある。今後は、このような課題を念頭において、①検証期間の変更・構造変化の検証をするなどして推計結果を比較すること、②先行研究によって蓄積されてきた歴史的な事実・事件及びその解釈と、計量的な推計結果との整合性の確認をより深化していくこと、③マクロ的集計量による分析だけでなく、日本銀行各支店の動きなどを含めたミクロ的な分析もおこなうこと、などのアプローチが必要であろう。

1）「このような局面」とは「国債の本行引受け方式の実施は、やがて金利政策の弾力的運営の自由を奪い、中央銀行にとって最大の使命である、通貨量の適切な調節を通ずる通貨価値の安定確保を、事実上不可能にさせる結果をもたらすに至った。そして財政インフレーションの進展を多少なりとも抑制しようとするためには、金利機能の活用を排除した統制措置に依存せざるをえなくなり、しかも結局は財政インフレーションの大規模な進展を阻止することはできなかった」という局面のことである（日本銀行［1984］、55ページ）。
2）若田部［2003］によれば、元日銀総裁である速水優も1931年12月13日（金輸出再禁止）から1948年12月18日（経済安定9原則の発表）までの17年間を連続したインフレ期として捉えており、若田部はこれを「日銀史観」（183ページ）と名付けている。
3）「マッカラム・ルール」については、B・マッカラム（畠間・金子訳）［1989］を参照のこと。
4）1930年代の井上財政（デフレ期）から高橋財政期における経済政策に関するメディアおよび識者間の論争については、中村［2005］などを参照のこと。
5）「テイラー・ルール」とは、$r = p + 0.5y + 0.5 (p - 2) + 2$（$r$：FFレート、$p$：GDPデフレーターで計測したインフレ率、$y$：実質GDPのトレンドからの乖離率）のような簡単な式で、連邦準備制度FRBのFFレート誘導の近似式として用いられることが多い。この場合、①インフレ率が目標となっている2％よりも上昇している、②GDPがトレンドを上回って上昇している、という意味で、それぞれの乖離に応じて0.5のウエイトでFFレートが上昇することを示している。

第1章　マネーと実体経済の長期的関係

6) M2に関する信用乗数は、1932年まで上昇、1933年以降は横這い、マーシャルのkについては1930年代初期は上昇、1932～1935年は低下、という分析結果になっている（鎮目[2002]、58～60ページ）。
7) 分析の結果、金融危機が実体経済に与えた影響は1921～1936年では小、1915～1936年では大となっている（岡崎[1993]）。
8) 原田は、5変数間の共和分を検定し、共和分ベクトルが1つのケースでは、マネーと生産に正の関係があるとしている（原田[2005]）。
9) 一般的に共和分検定では、推計システム（変数の数）が小さいほど信頼性が高い実証結果が得られるとされる。したがって、本章では2変数間（および資産要因または金利を加えた3変数間）の長期均衡関係に焦点を絞った分析をおこなう（宮尾[2006]、128ページ他）。
10) いわゆる「開放経済におけるトリレンマの問題」である（鎮目[2002]、38ページ他）。
11) 政策レジームの整理に関しては、鎮目[2002]、58ページ他を参照。
12) もちろん、1932年7月の「資本逃避防止法」、1933年5月の「外国為替管理法」などによって、①為替レートの安定、と③自由な資本移動には一定の制限が加えられていたため、1930年代に現在と同じ意味における完全な「管理通貨制度」が施行されていたわけではない点には注意が必要である。しかし、1930年代の日本と欧米諸国の長期金利の間に高い連動性が観られることなどから、資本移動規制には実効性がなかったと考えられる（若田部[2003]、178～180ページ他）。
13) IMF＝ブレトンウッズ体制下（1945～1971年）は、いわゆる「固定ドル本位制（＝金ドル本位制）」であったため、対外収支の不均衡は、①為替平価変更②総需要抑制などのオプションによって対応しなければならなかった。日本では、「ストップ・アンド・ゴー政策：stop and go policy」によって国際収支赤字・インフレーション進行・景気拡大に対しては引き締め政策がおこなわれ、国内的な生産・物価の安定追求は放棄されていた（マッキノン[1994]、172～173ページ、ルール・ボックス3他）。
14) 政策レジームの転換については、1932年の「日銀の国債引受け」によるさらなる転換（＝「2段階のレジーム転換」）があったとする見解もあるが、ここでは「金本位制からの離脱」による1段階目のレジーム転換を重視して1931年12月～1937年7月を一つの金融政策レジームと捉えることとする（田中・安達[2003]、62～63ページ、安達[2006]、238～252ページ他）。
15) 各データの出所は以下の通りである。
①ベースマネー（BM）…日本銀行調査局[1964]、[1978]。日本銀行兌換券発行高と日本銀行一般預金を合算したもの。
②マネーサプライ（M1）…藤野・五十嵐[1973]。
③鉱工業生産指数（IIP）…東洋経済新報社編[1943]。

④コールレート（CALL）…日本銀行調査局編［1964］、［1978］東京日歩・月中最低を年率換算。
　　⑤株価指数（SP）…藤野・五十嵐［1973］。
　　⑥東京小売物価指数（P）…日本銀行調査局編［1964］、［1978］。
16) 各データの原系列のグラフについては、本書末の原データグラフを参照のこと。
17) Granger and Newbold［1974］。
18) 単位根とは、自己回帰式の定常性の条件を決定する固有方程式の根が1であること。
19) 非定常系列には、単位根系列と発散系列があるが、経済変数としては発散系列は考えにくいため、ここでは定常性の検定として単位根検定をおこなう。
20) 単位根の概念、およびADF検定・PP検定などの単位根検定については、蓑谷［2003］、376〜429ページ他に詳しい。
21) 追加的にフィリップス・ペロン検定（Phillips-Perron test：PP検定）によっても単位根検定をおこなったが、ADF検定と同様の結果が得られた。
22) 検証の頑健性を高めるため、ヨハンセン検定（Johansen cointegration test）も同様におこなった。ヨハンセン検定は（1. 2）式を変形した、$\ln M1 - \alpha - \beta \ln BM$ が、I(0)になるか否かを帰無仮説を立てて検定するものである。ヨハンセン検定においても、同様に各変数間に共和分が無い（共和分ベクトルが最大0本ある）という帰無仮説が5％有意水準で棄却され、共和分関係があるという検定結果となった。
23) ECM（誤差修正モデル）については、坂野・黒田・鈴木・蓑谷［2004］、63〜71ページ他を参照のこと。
24) ここで用いる誤差修正項ECTは、（表1-2）で共和分の存在が確認された共和分ベクトルからの乖離、すなわち
　　　$ECT_t = \ln M1_t - 1.096 \ln BM_t + 1.023$
　　である。
25) 補論にある信用乗数グラフより（鎮目［2002］、58〜60ページ）。
26) 後藤［1986］、77ページ。
27) 細野・杉原・三平［2001］、121〜123ページ他。
28) コールレートCALLのレベル系列のみ、ADF検定でトレンド項を加えたケースで5％有意で定常過程にあることが示唆された。しかし、ADF検定で定数項のみのケース及びPP検定の3種の検定ではいずれも非定常過程であるという帰無仮説を棄却できなかったため、ここではコールレートCALLのレベル系列も単位根を持つと判断した。
29) 前節と同様に追加的にPP検定（Phillips-Perron test）によっても単位根検定をおこなったが、ここでもADF検定と同様の結果が得られた。
30) この（4. 3）式と（4. 4）式は、
　　　$M/P = L(y, i)$　　（yは生産、iは利子率）

第1章 マネーと実体経済の長期的関係

という流動性選好説に基くケインズ型の伝統的な貨幣需要関数を想定したものだと考えることができる。

31) ここでも検証の頑健性を高めるために、各式を変形したヨハンセン検定も併せておこなった。ヨハンセン検定では、各変数間に共和分が無い（共和分ベクトルが最大0本ある）という帰無仮説がそれぞれ5％、5％、1％、1％の有意水準で棄却され、各変数間に共和分関係があることが検証された。

32) ここで用いる誤差修正項 ECT は、（表1-5）で共和分の存在が確認された共和分ベクトルからの乖離、すなわち

$ECT_t = \ln M1_t - 1.222\ln IIP_t - 6.219$

である。

33) これらの結論については、①金融資産残高など他の資産を説明変数に加える、②長短利回り格差など他の金利変数を説明変数に加える、などの追加的な検証が必要であろう。ただし、本稿の目的はマネーと実体経済（生産）の間の長期関係を検証することであるため、これらの追加的検証はおこなっていない。

34) 三和［2003］、341ページ他。

35) 安達［2006］、259ページ他。

36) このことは、VECMによる分析をおこない、マネーから生産への影響はあるが銀行貸出から生産・物価への影響は限定されたものであったと結論付けている原田の先行研究とも整合的である。ただし、原田の分析は1922年〜1936年を対象としたものである（原田［2005］、12ページ）。

37) 金融政策の「中間目標」とは、金融政策の最終目標の近くに位置し、①金融政策によってコントロール可能であり、②最終目標と安定的な関係があり、③その統計が正確かつ迅速に得られること、という3つの条件を満たす変数のことである。したがって、信用乗数の安定性と、貨幣需要の安定性があるか否かは、中央銀行の金融政策の有効性を考察する際にも非常に重要な問題であるといえる（金森・荒・森口編［2001］、809ページ他）。

38) 指標としてのマネーサプライの重要な役割としては、ここで挙げた「中間目標」としての役割だけでなく、金融政策当局による政策形成の指針としての「情報変数」としての役割があると考えられる。

39) 「高橋財政期には、日本経済は、軍事経済化の傾向を含みつつ、なお平和的拡大の方向の可能性を残していた」、三和［2003］、309ページ。

第2章 金利の期間構造
——政策操作変数の分析——

1. はじめに

(1) 本章の目的

本章の目的は、1930年代の日本における金利の期間構造（イールドカーブ）について、当該期の時系列データを利用して定量的に分析することである。より具体的には、1930年代の日本における4種類の金利系列データを用いた共和分検定をおこなうことにより、各系列間に安定した長期関係が存在していたか否かを検証し、当該期の金利の期間構造から金融政策の操作変数について考察する。

本章の構成は以下の通りである。まず第1節では、1930年代の日本のマクロ計量分析における金融政策変数の扱いについて概観した後、共和分検定による金利の期間構造分析についての先行研究をまとめる。第2節では、分析に使用する各データ系列について説明し、本章の分析の枠組みを概説する。第3節では、第2節の枠組みに従って実証分析をおこなう。第4節では実証分析の結果をまとめる。

(2) 金融政策の操作変数

いわゆる伝統的な金融政策では、一般的に政策の操作変数は短期金利であり、戦後の日本銀行では公定歩合がその役割を担ってきたとされる[1]。その後、1995年3月の短期金利の低め誘導策の導入以降の日本銀行は、公定歩合に代わって無担保翌日物のコールレートを政策金利とし、近年の「非伝統的政策」

期における量的緩和政策を除けば、短期金融市場におけるマーケット・オペレーションによる政策操作変数（政策金利）誘導が金融政策を遂行する手段として用いられている[2]。本章が分析対象とする1930年代は、①金輸出再禁止（1931年12月）、②日本銀行券兌換停止（1931年12月）、③日本銀行券の保証準備発行限度の引上げ（1932年5月、1億2000万円→10億円への拡張）、④日本銀行による大蔵省証券引受（1932年9月・10月）、⑤新規発行国債の日銀直接引受制度（1932年11月）などによって、日本銀行によるマーケット・オペレーションが初めて本格的に採用された[3]。したがって、日本銀行がオペレーションによる流動性コントロールを、制度として実行可能な環境が整えられた時期でもある[4]。当該期においてもマーケット・オペレーションによる政策金利誘導が金融政策を遂行する手段として用いられていたとするならば、当然、金利の期間構造に影響を与えていたと考えられる。

(3)先行研究

　1930年代の金融政策変数データ（月次）を用いた当該期日本のマクロ経済の定量的分析は、近年蓄積が進んでいる。まずCha［2003］は、1930年10月〜1936年9月のデータを用いて、世界生産、財政政策変数（実質政府債務）、金融政策変数、実質賃金、生産指数（鉄道輸送量）、輸出数量、の6変数VAR（Vector Auto-Regression：多変量自己回帰）を構築して分析をおこなっているが、金融政策変数としてはベースマネーを仮定している[5]。また梅田［2006］も、1926年1月〜1936年12月のデータを用いて、海外物価要因（英米仏のWPI加重平均）、名目実効為替レート、財政政策変数（実質一般会計歳出）、金融政策変数、需給ギャップ、国内物価（WPI）の6変数の構造VARモデルを計測し、各政策変数の物価に対する影響に焦点をあてた分析をおこなっているが、同様に金融政策変数としてはベースマネーを仮定している[6]。

　一方で中澤・原田［2004］は、1926年1月〜1938年4月のデータを用いて、財政政策変数（実質一般会計歳出）、金融政策変数、輸出数量指数、生産指数、卸売物価指数の制約なしの5変数VARを計測しているが、金融政策変数とし

第2章　金利の期間構造

ては狭義マネーサプライを仮定している[7]。

　そして佐藤・中澤・原田［2007］は、1926年1月～1936年12月のデータによって、財政政策変数（実質一般会計歳出、実質債務、名目政府支出、名目債務のいずれか）、金融政策変数、金利、生産指数、物価（小売物価指数または卸売物価指数）の5変数（及びそれに為替レートを追加した6変数）の制約なしのVARモデルを計測し、金融政策変数として広義マネーサプライとコールレートをVARに含めてモデルを構築している[8]。

　構造VAR分析などによって金融政策のショックを識別しようとする際には、日本銀行が直接的に影響を及ぼし得る変数、したがってコールレートなどの短期金利かベースマネーやリザーブなどの狭義の貨幣量を金融政策変数として用いることが必要であるが、このように当該期の金融操作変数が何であったかについてのコンセンサスはなく、定量的にそれを抽出しようとする分析は管見の限りない。

　共和分検定によって金利の期間構造を金融政策変数の分析に応用した先行研究としては、1970年～1988年の米国短期国債11種（1ヶ月物から11カ月物）の月次データを用いて共和分検定をおこない、米国の金融政策変数がFFレートであった時代とマネーサプライの時代（1979年12月～1982年9月）では、コモントレンドに相違があることを明らかにしたHall, Anderson and Granger ［1992］や[9]、1984年～1991年のオーストラリアの国内金利5系列の月次・四半期データを用いて共和分検定をおこない、金利の期待仮説を検証したKarfakis and Moschos ［1995］[10]、1993年～1998年の日本円の金利19系列（無担保コール翌日物、ユーロ円LIBOR1ヶ月物～12カ月物の12系列、スワップレート6系列）の月次データを用いて共和分検定をおこない、金融政策変数の誘導水準の変更が市場金利に与える影響を検証した伊藤［2005］などがある[11]。本章では、こうした先行研究に倣い、1930年代の金融政策変数について金利の期間構造の観点からアプローチし、金融政策の操作変数となりうる金利系列（公定歩合、コールレート）と市中金利との連動関係（中長期金利のコントローラビリティ）があるかないかを共和分検定を用いて定量的に検証する。

2. 分析のフレームワーク

(1) データ系列

　本章では、1930年代のイールドカーブを構成する金利変数として、当該期の月次データが得られる長短金利系列を分析に用いる[12]。このデータの原系列は、①コールレート（call）、②公定歩合（Bank Rate）、③国債利回り（GB）、④銀行貸出金利（証書貸付）[13](loan)、の4系列である[14]。4系列はいずれも1931年8月～1937年7月までの月次データである[15]。また日歩ベースの系列については、365日ベースに換算している。コールレートと公定歩合は短期、銀行貸出金利は中期[16]、国債利回りは長期の金利であり、4種類のデータ系列からなる金利の期間構造について分析する。

(2) 単位根検定

　共和分検定に先立って、まずADF検定（Augmented Dickey-Fuller test）およびPP検定（Phillips-Perron test）によって、検証に用いる各金利系列の定常性の有無について検証する。また、ADF検定・PP検定においては、それぞれトレンド項なし（定数項のみ）、トレンド項ありのケースに関して検定をおこなう。なおADF検定のラグ数の決定については、AIC（赤池情報基準）を採用する。

(3) 共和分検定

　前項の単位根検定によって検証に用いる各金利系列がI(1)過程だと判定されたとき、非定常系列を扱うことが可能な共和分検定をおこなう。本稿では、共和分検定としてEG検定（Engle-Granger test：エングル＝グランジャー検定）とヨハンセン検定（Johansen test）を用いる。EG検定は2変数間の関係を検定する際に適しているので、4系列のうちのそれぞれの2系列間の共和分検定をおこなう[17]。ヨハンセン検定は3変数以上の変数間に存在する共和分ベクトルの本数が不明な際に適用できる尤度比検定であるため、4系列間の共和

分検定をおこなう[18]。またヨハンセン検定の方法としては、トレース検定と最大固有値検定の2種を用いる。さらにヨハンセン検定で共和分ベクトルの存在が確認された場合には、同ベクトルからVECM（Vector Error Correction Model：ベクトル誤差修正モデル）を推計し、ECT（誤差修正項）の符号条件を確認する。

(4)グランジャー因果性検定

共和分検定による実証結果（系列間の長期的関係の有無）について追加検証をするために、グランジャー因果性検定（Granger causality test）をおこなう。

3．実証分析

(1)単位根検定

金利変数 call、BR、GB、loan の4系列に対するADF検定・PP検定による単位根検定の結果は、（表2−1）と（表2−2）の通りである。単位根検定は、「検定対象の時系列が単位根を持つ（非定常過程である）」という帰無仮説を立

表2−1　ADF検定（Augmented Dickey-Fuller test）

変数	定数項のみ	ラグ	トレンド＋定数項	ラグ	判定
call	−10.16***	8	−9.72***	8	I(0)
Δcall	−3.69***	9	−3.71**	9	
bankrate	−4.16***	10	−3.25*	10	I(0)
Δbankrate	−2.30	10	−2.94	10	
GB	−0.75	1	−2.48	0	I(1)
ΔGB	−7.28***	0	−7.24***	0	
loan	−0.01	5	−4.71***	3	I(1)
Δloan	−5.21***	4	−5.13***	4	

注）***は1％水準、**は5％水準、*は10％水準で単位根が存在するという帰無仮説が棄却されることを示す。またADF検定のラグ次数は、AIC基準（最大ラグ数10）で選択した。

表2-2　PP検定（Phillips-Perron test）

変数	定数項のみ	バンド	トレンド+定数項	バンド	判定
call	-1.61	0	-2.14	1	I(1)
Δcall	-7.31***	0	-7.28***	1	
bankrate	-1.35	4	-2.06	4	I(1)
Δbankrate	-7.18***	4	-7.12***	4	
GB	-0.70	2	-2.80	3	I(1)
ΔGB	-7.28***	0	-7.24***	0	
loan	0.16	4	-4.88***	3	I(1)
Δloan	-11.52***	3	-11.68***	3	

注）*** は1％水準、** は5％水準、* は10％水準で単位根が存在するという帰無仮説が棄却されることを示す。またPP検定のバンド幅は、Newey-West推定量で決定した。

て、それが棄却されたとき「検定対象の時系列が定常過程である」という対立仮説が採択される仮説検定である[19]。

　一系列目のcallについてのADF検定の結果をみると、まずレベルの系列においてトレンド項の有無に拘わらずそれぞれ1％の水準で単位根を持たないという帰無仮説が棄却され、一回階差系列でもそれぞれ1％、5％の水準で帰無仮説が棄却される定常系列I(0)変数であることが示された。しかし、一方PP検定においては、callはレベルの系列においてはトレンド項の有無に拘わらず単位根を持つという帰無仮説が棄却され、一回階差系列ではいずれも1％の水準で帰無仮説が棄却され定常になるI(1)変数であることが示された。つまり、2種類の単位根検定による判定がそれぞれ異なることとなったが、本章では、一定の留保付きながらcallをI(1)変数だと判断して分析をすすめる[20]。

　二系列目のBRのレベル系列についても、ADF検定ではレベルの系列において定数項のみのケースで1％、トレンド項を10含むケースでは10％の有意水準で単位根を持たない定常系列I(0)変数であることが示される一方、PP検定においてはレベルの系列ではトレンド項の有無に拘わらず単位根を持つという帰無仮説が棄却され、一回階差系列ではいずれも1％の水準で帰無仮説が棄却され定常になるI(1)変数であることが示された。同系列もcall系列と同様に、

2種類の単位根検定による判定が異なることとなったが、PP 検定に従い BR を I(1) 変数だと判定する。

　三系列目の GB は、ADF 検定・PP 検定ともにトレンド項の有無に拘わらず、レベル系列では単位根を持ち、一回階差系列では 1 ％の水準で帰無仮説が棄却される I(1) 変数であることが明示された。

　四系列目の loan は、ADF 検定・PP 検定ともに定数項のみのケースでは、レベル系列では単位根を持ち、一回階差系列では 1 ％の水準で帰無仮説が棄却される I(1) 変数であった。トレンド項を含むケースではレベル系列・一回階差系列ともに 1 ％水準で帰無仮説が棄却される I(0) 変数となったが、ここでも留保付きながら loan を I(1) 変数だと判定する。

　以上の単位根検定の結果より、以下では call、BR、GB、loan の 4 変数が I(1) 変数であるとして次項の共和分検定をおこなう。

(2) 共和分検定

　ここで、EG 検定をおこなう推計式は、以下の (2.1) ～ (2.6) の 6 式である。EG 検定では call、BR、GB、loan の 4 変数の 2 変数間各々の長期関係をみる（ε_t は誤差項）。

$$call_t = \alpha_1 + \beta_1 BR_t + \varepsilon_t \tag{2.1}$$

$$call_t = \alpha_2 + \beta_2 GB_t + \varepsilon_t \tag{2.2}$$

$$call_t = \alpha_3 + \beta_3 loan_t + \varepsilon_t \tag{2.3}$$

$$BR_t = \alpha_4 + \beta_4 GB_t + \varepsilon_t \tag{2.4}$$

$$BR_t = \alpha_5 + \beta_5 loan_t + \varepsilon_t \tag{2.5}$$

$$loan_t = \alpha_6 + \beta_6 GB_t + \varepsilon_t \tag{2.6}$$

　EG 検定による共和分検定の結果は（表2-3）の通りである。（表2-3）が示すように、（2.1）式は10％有意水準で共和分関係の存在を示唆したが、その他の（2.2）〜（2.6）の全ての式については EG 検定によって、残差系列が非定常であるという帰無仮説が有意に棄却されず、I(1)系列であることが示された。したがって、EG 検定ではコールレート（call）と公定歩合（BR）の間に長期的関係がある可能性があるが、その他の各金利系列間には、全てのケースで共和分関係が存在しないことが示された。

表2-3　共和分検定①（Engle-Granger test）

変数	統計量	検定
（call、BR）resid	-3.17*	I(0)
（call、GB）resid	-2.07	I(1)
（call、loan）resid	-1.81	I(1)
（BR、GB）resid	-2.26	I(1)
（BR、loan）resid	-1.61	I(1)
（loan、GB）resid	-1.73	I(1)

注）*** は1％水準、** は5％水準。* は10％水準で単位根が存在するという帰無仮説が棄却されることを示す。またラグ次数は AIC 基準（最大10）で選択。臨界値は Davidson and Mackinnon [1993] の table20.2より。

　ヨハンセン検定による共和分検定の結果は（表2-4）の通りである。ヨハンセン検定ではシステムに含まれる4系列間に何本の共和分ベクトルが存在するかをみる（最大3本）。

　（表2-4）が示すように、call、BR、GB、loan の4系列間では、まずトレース検定において得られた統計量94.76が、5％有意水準（47.86）で、「共和分の個数が0個である」という帰無仮説は棄却したが（対立仮説は「共和分の個数が1個以上である」）、「共和分の個数が1個である」、「共和分の個数が2個である」、「共和分の個数が3個である」という帰無仮説を棄却できなかったの

表2-4 共和分検定②（Johansen Cointegration テスト）

(call、BR、GB、loan)トレース検定

共和分の数(帰無)	固有値	統計量	5％有意
0	0.667665	94.76	47.86**
1	0.227191	23.16	29.8
2	0.082926	6.41	15.49
3	0.011911	0.78	3.84

最大固有値検定

共和分の数(帰無)	固有値	統計量	5％有意
0	0.667665	71.61	27.58**
1	0.227191	16.75	21.13
2	0.082926	5.63	14.26
3	0.011911	0.78	3.84

注）** は5％水準で有意に棄却されることを示す。またVARのラグ次数1はAIC基準（最大6）で選択。共和分ベクトルとVARに定数項を含む。

で、共和分ベクトルが1本のみ存在することが示唆された。また最大固有値検定においても、得られた統計量71.61が、5％有意水準（27.58）で、「共和分の個数が0個である」という帰無仮説を棄却し（対立仮説は「共和分の個数が1個である」）、「共和分の個数が1個である」、「共和分の個数が2個である」、「共和分の個数が3個である」という帰無仮説を棄却しなかったので、共和分ベクトルが1本のみ存在することが示された。したがって、call、BR、GB、loanの4系列間には共和分ベクトルが1本のみ存在することが明示された。

続いて、EG検定の結果も勘案して、call、BRの2系列間での共和分ベクトルの存在をヨハンセン検定を用いて検定する。（表2-5）が示すように、call、BRの関係では、トレース検定において得られた統計量33.70が、5％有意水準（15.49）で、「共和分の個数が0個である」という帰無仮説は棄却した。同様に最大固有値検定においても、統計量32.14が5％有意水準（14.26）で、「共和分の個数が0個である」という帰無仮説は棄却した。よって、call、BRの2系列の間に共和分ベクトルが存在することが明らかになった。ヨハンセン

表2-5　共和分検定③（Johansen Cointegration テスト）

（call、BR）トレース検定

共和分の数（帰無）	固有値	統計量	5%有意
0	0.390126	33.70	15.49**
1	0.023677	1.56	3.84

最大固有値検定

共和分の数（帰無）	固有値	統計量	5%有意
0	0.390126	32.14	14.26**
1	0.023677	1.56	3.84

注）** は5％水準で有意に棄却されることを示す。またVARのラグ次数1は AIC基準（最大6）で選択。共和分ベクトルとVARに定数項を含む。

検定によって存在が示唆された共和分ベクトルを、ベクトル誤差修正モデル（Vector Error Correction Model; VECM）で推計したものが（2.7）式で、誤差修正項（ECT）の係数が有意に符号条件を満たし、call の説明変数としての BR の前期差にかかる係数も有意である（表2-6）。

$$\Delta call_t = \gamma_1 + \gamma_2 \Delta call_{t-1} + \gamma_3 \Delta BR_{t-1} + \gamma_4 \Delta ECT_{t-1} + \varepsilon_t \quad (2.7)$$

以上2種の共和分検定により、コールレート（call）と公定歩合（BR）の2系列間には共和分関係が存在するが、コールレート（call）と国債利回り

表2-6　VECM

被説明変数	$\Delta call(-1)$	$\Delta BR(-1)$	ECT	adj-R2
$\Delta call$	0.076 (0.65)	0.554 (2.67)***	-0.306 (-3.59)***	0.34
ΔBR	0.103 (1.30)	-0.001 (-0.01)	-0.137 (-2.36)**	0.09

注）各変数の下の括弧内はt値。***は1％水準、**は5％水準、*は10％水準で有意。誤差修正項ECTは、（表2-4）で求めた共和分ベクトルからの乖離。

第2章　金利の期間構造

(GB)及び証書貸付金利（loan）、公定歩合（BR）と国債利回り（GB）及び証書貸付金利（loan）、国債利回り（GB）と証書貸付金利（loan）の間には、全てのケースで共和分関係が存在しないことが実証された。

(3)グランジャー因果性検定

共和分検定による各系列間の関係性についての頑健性を検証するためにおこなった、call、BR、GB、loanの4変数間についてのグランジャー因果性検定の結果が（表2-7）である。検定に用いられる（2.8）式は、「モデルに含まれる個々の2変数間にグランジャー因果性が無い」という帰無仮説を棄却できるか否か（対立仮説は「グランジャー因果性がある」）を示している[21]。検定の結果からは、BRからcallへラグ3（3ヶ月）のケースで1％、ラグ6のケースで5％、ラグ9のケースで10％の有意性で、callからはBRへはラグ6のケースで10％、ラグ9のケースで5％の有意性で、それぞれグランジャー因果性が存在することが示唆された。この検定結果は、BRとcallの系列がそれ

表2-7　グランジャー因果性テスト

帰無仮説	F値(ラグ3)	F値(ラグ6)	F値(ラグ9)
call ⇒ BR	0.8118	2.6219*	4.0145**
BR ⇒ call	10.7621***	4.9564**	2.6576*
call ⇒ loan	3.2331*	1.9580	0.9139
loan ⇒ call	0.8970	0.2946	1.1034
call ⇒ GB	1.1063	1.0626	0.7198
GB ⇒ call	2.3206*	1.1626	2.3335*
BR ⇒ loan	3.5812*	1.3439	0.7816
loan ⇒ BR	4.2228**	2.6522*	1.4753
BR ⇒ GB	14.4647***	4.2865**	2.6260*
GB ⇒ BR	3.1763*	1.6240	1.4973
loan ⇒ GB	1.0901	0.7610	0.4617
GB ⇒ loan	3.7541*	1.0687	0.8184

注)＊、＊＊、＊＊＊はそれぞれ10％、5％、1％の有意水準で帰無仮説が棄却されることを示す。ラグ次数は3と6と9。

それの過去の値でどの程度説明できるかという相互の影響を示しており、BR と call の間に長期的な均衡関係が存在するという共和分検定の結果を支持するものである[22]。

$$call_t = x_0 + \lambda t + \sum_{i=1}^{p+1} \delta_i call_{t-i} + \sum_{i=1}^{p+1} \eta_i BR_{t-i} + \varepsilon_t$$

$H_0 : \eta_1 = \eta_2 = \cdots \eta_p = 0$

$H_1 : \eta_i \neq 0 \quad (i = 1, 2, 3 \cdots, p)$ (2.8)

4．まとめ

(1)結論

本章では、1930年代の日本における金利の期間構造を定量的に分析し、金融政策の操作変数である可能性のある短期金利から中長期金利への影響をみるために、コールレート（call）、公定歩合（BR）、国債利回り（GB）、証書貸付金利（loan）の4系列の金利変数を用いて共和分検定をおこなった。

まず、ADF検定によって、call、BR系列については、レベルでは単位根をもつという帰無仮説が棄却されたものの、PP検定における定数項のみのケースとトレンド付きのケース全ての総合的な検定結果からcall、BRの2系列はI(1)変数であると判定された。続いてGB系列は全ての検定でレベル系列では非定常過程、一回階差系列では定常過程でありI(1)過程、またloan系列は定数項のみのケースではレベル系列では非定常過程、一回階差系列では定常過程であったことからまたI(1)過程だと判定された。以上、本章では単位根検定した4系列全てをI(1)変数だと判定した。

以上の単位根検定を前提として、4系列のうちのそれぞれ2系列間の長期均衡関係を検証する6つの式に関する共和分検定（EG検定）をおこなった。その結果、call、BR系列の2変数間のみに共和分の存在が示唆された。続いて

4系列間の長期均衡関係を検証する共和分検定（ヨハンセン検定）をおこなった。その結果、最大固有値検定・トレース検定のいずれにおいても、共和分ベクトルが1本のみ存在することが示唆された。またEG検定の結果も踏まえて、call、BRの2系列間のヨハンセン検定もおこない、検出された共和分ベクトルからVECMを推計したが、推計結果からECT項が有意にマイナスを示していたため、ここでもcall、BRの2系列間に長期均衡関係があることが確認された。なお、追加的におこなったグランジャー因果性検定によっても、BRからcallへの影響が（ラグ6以上では2系列が互いに影響を与えあっていたこと）が確認された。

以上の共和分検定の結果から、コールレート（call）、公定歩合（BR）、国債利回り（GB）、証書貸付金利（loan）の4種の金利系列間においては、call、BRの2系列間にのみ長期均衡関係が存在するが、その他の系列間には共和分関係が存在しないことが実証された。

(2) まとめと課題

本章の実証分析によって、①金利の期間構造から観測すると、公定歩合及びコールレートは中長期金利に影響を与えていなかったこと、②1930年代のコールレートは公定歩合に連動していたこと、が明らかになった。まず①の実証結果は、当該期の日本銀行が金融操作変数として公定歩合やコールレートなどの金利変数ではなくベースマネーやリザーブなどの量的指標を重視していた可能性を示唆している。このことは、当該期の公定歩合変更は市中金利の低下に直接繋がらず、公開市場操作による国債購入自体が低金利政策の主要な手段となっていたとする、日本銀行調査局特別調査室［1948］などの主張とも合致する[23]。また、実証分析にあたって金融政策変数として量的指標を仮定したCha［2003］や梅田［2006］ら先行研究の選択を支持するものでもある。次に②については、基本的に公定歩合の方がコールレートよりも常に高めで推移していることも併せて考えると[24]、当該期の公定歩合がコールレート変動の上限を画す、2001年3月以降のロンバート貸付制度（補完貸付制度）に近い性格をもっ

ていた可能性も考えられる。

　最後に本章の課題について。まず、本章が明らかにしたのは当該期の日本銀行の操作変数としての可能性がある短期金利系列と市中金利系列の間に、長期的均衡関係がないということのみである。その意味で、日本銀行の金融操作変数が量的指標であったかどうかについては当該期の量的指標のデータを用いた分析が、短期金利系列の変動が名目金利でなく実質金利に影響を与えていた可能性については期待インフレ率を分析対象とする別種の考察が、それぞれ必要になる[25]。次に、利用可能な1930年代のデータが少ないという制約から生じる、分析対象とした金利系列自体の問題がある。本章が検証に用いた銀行貸出金利（証書貸付金利）は、リスクプレミアムを内包した系列であるという鎮目［2009］の指摘もあり、当該期の市中金利を正確に反映していない可能性がある[26]。また、本章では4系列の金利データを用いて金利の期間構造全体を検証したが、先行研究のHall, Anderson and Granger［1992］（11系列）や伊藤［2005］（19系列）などのように、より多くの金利系列を分析対象とする方が精密な分析ができると考えられる。以上の点については、今後の検討課題としたい。

1）植月［2002］他。
2）量的・質的金融緩和（Quantitative Qualitative Easing: QQE）などを中心とするいわゆる「非伝統的」金融政策のスキームと政策効果の分析については、岩田・日本経済研究センター編［2014］など。
3）売りオペレーションによる金融調節が開始されたのは1932年以降である。ただし、公開市場操作は1916～17年の金融緩慢期、1927年の金融恐慌後における遊資処理においても一時的には用いられている。日本銀行調査局特別調査室［1948］、55ページ。
4）井手［2001］、197-198ページ他。
5）Cha［2003］は、世界生産と財政政策が生産指数に影響を与え、金融政策は実体経済にほとんど影響を与えなかったと結論付けている。
6）梅田［2006］は、1930年代の物価変動の主要因は、金融財政政策ではなく為替レートと海外物価であったとしている。
7）中澤・原田［2004］は、財政・金融政策は生産には概ね影響を与えなかったが、金融

政策は物価には有意に影響を与えたとしている。
8) 佐藤・中澤・原田［2007］は、財政政策は物価・生産に寄与しなかったが、金融政策は物価・生産の上昇要因となったとしている。
9) Hall, Anderson and Granger［1992］では、マネーサプライが金融操作変数であった時代には、金融政策は4カ月物金利でさえ影響を与えなかったことを明らかにしている。
10) Karfakis and Moschos［1995］では、グランジャー因果性検定も併せておこない、RBA（オーストラリア準備銀行）が金融操作変数としている翌日物キャッシュレートが、長期金利に影響を及ぼしていることも明らかにしている。
11) 伊藤［2005］は、期間構造全体の共和分分析だけではなく、イールドカーブの長い方から1変量ずつデータを減らして分析し、コモントレンドが1つになる範囲を確認している。その結果、日銀が政策金利として変動させる無担保コール翌日物が、2年物金利までの範囲において十分に影響を与えていると結論付けている（伊藤［2005］、第2章）。
12) 本章で使用する各データの出所は以下の通りである。
①コールレート（call）…日本銀行調査局編［1964］・［1978］。
②公定歩合（Bank Rate）…日本銀行調査局編［1964］・［1978］。
③国債利回り（GB）…三菱経済研究所編［1936］〜［1938］
④銀行貸出金利（証書貸付）（loan）…藤野・五十嵐［1973］
13) 同系列を分析に用いた飯田・岡田［2004］に対して、当該期の証書貸付金利は高水準のリスクプレミアムが附加されたものであり、実証分析の検証にあたっては留意が必要だとする批判があるが（鎮目［2009］）、利用可能なデータの制約上、本章でも同データ系列を用いている。
14) 各データの原系列のグラフについては、本書末の原データグラフを参照のこと。
15) 本章の分析期間を1931年8月〜1937年7月としたのは、前者がイギリスが金本位制を離脱し、満州事変が勃発した1931年9月の前月であり、後者は盧溝橋事件勃発月（日中戦争の開始）であるためである。
16) 当該期の証書貸付金利は、主に1年超〜数年以内の銀行貸付に適用された利率である（藤野［1994］；飯田・岡田［2004］）。
17) Engle and Granger［1987］。
18) Johansen［1988］。
19) ここでいう時系列における定常性とは、データの平均と分散および自己共分散が近似的に時間差のみによって定まることである。単位根の概念、およびADF検定・PP検定などの単位根検定については、蓑谷［2003］、376-429ページ、松浦・マッケンジー［2012］、263-285ページなどに詳しい。
20) callに関しては、内藤［2010］においてほぼ同様の期間（1931年12月〜1937年7月。た

だしラグをとるため1931年8月からのデータ使用）について単位根検定をした結果、I(0)変数という判定となった。当該期のコールレートの定常性については、1931年12月の金本位制離脱によってレートが大きくジャンプするため注意が必要である。内藤 [2010] を再掲した本書の第3章ではサンプル期間を本章と統一して修正している。

21) (2.8) 式は call と BR の2変数間についての関係式。対立仮説はいずれかの BR の係数が0では無いことを示している。同式は伊藤 [2005]、39ページ他に倣った。
22) ただし同検定では、共和分関係が観られなかった公定歩合（BR）から国債利回り（GB）へのグランジャー因果性も検出されている（表2-7）。
23) 日本銀行調査局特別調査室 [1948]、第2章第3節他。
24) コールレートが公定歩合を上回ったのは、1932年3月（5.913％-5.840％）と1932年4月（6.0225％-5.840％）の2期のみである。
25) 当該期の期待インフレ率とフィッシャー効果についての分析は第3章でおこなう。
26) 注13を参照のこと。

第3章 インフレ期待
―共和分検定によるフィッシャー効果の分析―

1．はじめに

(1) 本章の目的

　本章の目的は、1930年代の日本におけるインフレ期待について、当該期の時系列データを利用して定量的に検証することである。より具体的には、1930年代の日本における物価インデックスと金利データを用いた共和分検定をおこなうことにより、両系列間に安定した長期関係が存在したか否かを検証し、当該期にフィッシャー効果が観察されるか否かを実証する。

　本章の構成は以下の通りである。まず第1節では、フィッシャー効果について説明した後に、本章が対象とする1930年代の時代背景と先行研究を概観する。第2節では、分析に使用するデータについて説明する。第3節では、本章の分析の枠組みを概説する。第4節では、第3節の枠組みに従って実証分析をおこなう。第5節では実証分析の結果をまとめる。

(2) フィッシャー効果とは[1]

　I. フィッシャーの利子決定理論によれば、一般的に名目利子率 i、実質利子率 r、インフレーション率 π の間には、

$$r = i - \pi$$

という関係があるとされる。つまり、名目利子率を所与とすると、インフ

レーション（以下インフレ）率が高くなるほど実質利子率は低くなることがわかる[2]。実質利子率が低下すれば消費や投資は増加するので、名目利子率が一定であるという仮定のもとでは、インフレ政策は有効需要を高める効果を持つ。しかし、実際には、インフレ率と名目利子率は独立ではなく、名目利子率はある時点 t で決定されるのに対して、インフレ率は時点 t から $t+1$ にかけて事後的に決定する（t 時点においてはインフレ率は決まっていない）。したがって、これを期待インフレ率（expected rate of inflation）（$E(\pi)$）で置き換えたものが、

$$i = r + E(\pi)$$

となる。これがフィッシャー方程式（Fisher equation）で、実質利子率の事後的な定義式ではなく、名目利子率と実質利子率との間の均衡式となる。本章が検証するフィッシャー効果（Fisher effect）とは、このとき期待インフレ率が名目利子率に反映されるチャネルのことである。

　以上のことから、フィッシャー効果が存在する経済においては、インフレ（またはデフレ）が名目利子率に1対1の関係で影響を与えることになり、インフレ政策は実質利子率に影響を与えないことになる。

(3)時代的背景

　2001年3月に決定された日本銀行の「量的緩和政策」は、日銀当座預金残高を増加させること（＝ベースマネーの供給）によって1990年代末から続くデフレーション（以下デフレ）の克服を目指すものであったが、当座預金残高目標は当初の5兆円から2004年1月には30〜35兆円にまで累次引上げられながらも、物価上昇（消費者物価指数）の前年比が安定的にゼロ以上と判断されるまでに5年を要した[3]。こうした量的緩和政策によるデフレ克服の困難さの背景には、日本では1990年代末以降に、マネーサプライの増加がインフレ率の変動にあまり影響を与えなかったことがあると考えられる[4]。

第3章 インフレ期待

　第二次世界大戦後、日本を含む先進諸国ではデフレをほとんど経験してこなかったが、現代日本のようなデフレ克服を目指す金融政策に類似した歴史的事例としては、1920年代からのデフレを克服した1930年代の高橋財政期の金融政策が挙げられる[5]。1930年代初頭の日本は、金本位制からの離脱と日本銀行による新規発行国債直接引受による金融緩和によって、デフレを克服することに成功した（図3-1）。さらにデフレの克服に成功した後の1930年代の日本においても、緩和的な金融政策が期待インフレ率を上昇させていた可能性がある。

　金融政策の遂行にあたっては、金利の期間構造（ターム・ストラクチャー）がその波及経路として基礎的な前提である。したがって、金利期間構造の変動要因であるインフレ率を分析することが重要であり、その構造を説明する一つの可能性であるフィッシャー仮説の妥当性を検証することは、デフレ克服の成

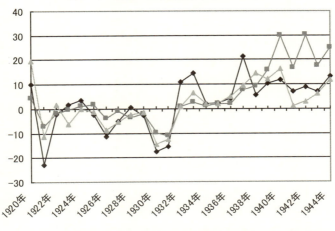

図3-1　1920～40年代日本のインフレ率

　　─◆─ 卸売物価指数　　─■─ 消費者物価指数　　─▲─ 東京小売物価指数

　注）各系列は、いずれも年率換算である。また図には含まれていない1945年には、卸売物価指数、消費者物価指数、東京小売物価指数のインフレ率はそれぞれ51.1％、224.3％、47.0％、さらに1946年には、464.4％、389.2％、613.8％と非常な高率になっている。
　出典）日本銀行『日本銀行百年史』第3巻436～437ページのデータから作成

功事例である1930年代と現代日本の金融政策やデフレ状況（マクロ経済状況）との比較において、有益な情報を獲得することに繋がり得ると考えられる。

(4)先行研究

1930年代の日本におけるフィッシャー効果と期待インフレ率について考察している先行研究を概観する。

まず、岡田・安達・岩田［2002］は、金本位制離脱と日本銀行の新規発行赤字国債直接引受という二つの政策変化が物価変動予想に影響を与えたとする「2段階レジーム論」（＝1930年代前半期には、日本は金融政策によって期待インフレ率を上昇させた）を展開している[6]。また、バーナンキ［2004］は、リフレ政策の成功を指摘した上で、不完全雇用などのデフレギャップがあったため、1930年代には日本・アメリカともに、「フィッシャー方程式において予想インフレ率（＝期待インフレ率）の上昇分だけ名目金利は」上昇しなかったとしている[7]。これに対して富田［2006］は、1930年代日本では「フィッシャー効果の発現が抑制された」のは、デフレギャップがあったからではなく、資本逃避防止法、外国為替管理法などによる「金融鎖国」と国債市場の統制によってであるとする[8]。これらの先行研究は、その原因について対立があるものの、1930年代後半期にはフィッシャー効果が限定的だったことについては概ねコンセンサスがある。ただし、いずれもギブソン・パラドックスが成立していないことをグラフ・数値等で確認するような、記述的な論証に止まっている[9]。

一方、当該期のデータを用いた定量的な検証としては、飯田・岡田［2004］が、岡田・安達・岩田［2002］と同様な「2段階レジーム論」の立場から、Mishkin［1981］の金利モデルを用いたOLS（Ordinary Least Square）とSUR（Seemingly Unrelated Regression）によって予想インフレ率の推計をおこない、1931年9～11月・1932年4月の2回に渡って「インフレ予想がジャンプ」したことを検証している[10]。これに対して鎮目［2009］は、期間ごとに分割したイールドカーブ分析や金利の主成分分析によって、1932年には期待インフレ率が低下していたことを明らかにし、飯田・岡田［2004］の推計を批判し

ている[11]。しかし、これらの研究はイールドカーブ上のいくつかの時点（転換点）における分析であることや、フィッシャー仮説自体よりも期待インフレ率の計測に重きが置かれていることから、本章の目的とは分析目的が異なると言える。

このように、期待インフレ率自体やフィッシャー効果の有無（大小）について言及している先行研究は多いが、1930年代の日本においてフィッシャー仮説が成立していたか否か自体について、当該期の時系列データを用いて定量的に検証した先行研究は管見の限りない。

2．データ[12]

(1)期待インフレ率

フィッシャー効果を考察する際に重要なのが、期待インフレ率の捉え方である。先行研究では、Mishkin［1981］や、それに基づいた飯田・岡田［2004］のように期待インフレ率自体を推計するものがある。しかし、フィッシャー効果を分析する場合、期待インフレ率の推計とフィッシャー仮説の検証という異なった分析内容を同時におこなうことになり、分析結果は未だコンセンサスがないインフレ期待形成に関する仮説の妥当性に依存することになる[13]。

したがって、本章では期待インフレ率を推計するのではなく、1990年代について同様の検証をおこなっている伊藤［2005］、佐竹［2007］などの研究に倣い、非定常なI(1)変数であることを検定した上で、当該期のインフレ率 π_t をそのまま期待インフレ率 $E(\pi_{t+j})$ として使用する[14]。つまり、

$$E(\pi_{t+j}) = \pi_t$$

を仮定して分析する。これは、t 期の情報に基づく j 期先（$j = 1, 2, 3\cdots$）のインフレ率の期待値である $E(\pi_{t+j})$ がランダムウォーク（random walk）であれば、$\pi_{t+1} = \pi_t + \varepsilon_{t+1}$（$\varepsilon_{t+1}$ はインフレ率のイノベーション）となる、すな

わち、実現されたインフレ率がI(1)変数であれば、そのイノベーションが将来のインフレ率の変化に影響を与えることを意味する[15]。

このとき、分析に用いるデータの原系列は、①卸売物価指数（WPI）、②東京小売物価指数（RPI）の2系列であるが、分析にあたっては原系列の前年同月比である、WPI(t)、RPI(t)を用いる。2系列はいずれも1931年8月〜1937年7月までの月次データである[16]。

(2) 名目利子率

名目利子率として、1930年代の月次データが得られる長短金利データを用いる。このデータの原系列は、①コールレート（call）、②銀行貸出金利（証書貸付）[17]（loan）、③長期国債利回り（GB）、の3系列である[18]。3系列はいずれも1931年8月〜1937年7月までの月次データである。コールレートは超短期、銀行貸出金利は中期[19]、長期国債利回りは長期の金利であり、3種類のデータからなる金利の期間構造全体を用いてフィッシャー仮説の成立を検証する。

3. 分析のフレームワーク

(1) 単位根検定

コールレートと証書貸付金利、コールレートと国債利回りなどの各系列は、それぞれのグラフを直感的に比較してみると相関しているようにも見える。しかし、既述のように単位根（unit root）を持つ非定常なデータを用いた分析では「みせかけの相関」である場合があり、このようなデータを用いて推計しても、通常の計量分析が利用している回帰パラメーターに関するt検定を用いた統計的推計自体が全く意味のないものとなってしまうことがわかっている[20]。つまり、非定常過程にある系列の経済変数を用いた推計では、仮に回帰分析の決定係数が高かったとしても両変数の間に経済学的な関係があるという結論は導けなくなるため、時系列分析においては各変数の単位根検定が不可欠の手順となっている[21]。

第3章　インフレ期待

　本章では、まず ADF 検定（Augmented Dickey-Fuller test）および PP 検定（Phillips-Perron test）によって、検証に用いる各系列（コールレート：call、銀行貸付金利（証書貸付）：loan、長期国債利回り：GB、東京小売物価指数：RPI(t)、卸売物価指数：WPI(t)）の定常・非定常性について検証する[22]。ここでいう時系列における定常性とは、データの平均と分散および自己共分散が近似的に時間差のみによって定まることである。また、ADF 検定・PP 検定の詳細については本章では触れないが、ここではいずれも、「検定対象の時系列が単位根を持つ（非定常過程である）」という帰無仮説を立て、それが棄却されたとき「検定対象の時系列が定常過程である」という対立仮説が採択される仮説検定である[23]。

　既述のように、本章ではインフレ率 π_t をそのまま期待インフレ率 $E(\pi_{t+j})$ として使用するため（$E(\pi_{t+j}) = \pi_t$）、t 期の情報に基づく j 期先（$j = 1, 2, 3\cdots$）のインフレ率の期待値である $E(\pi_{t+j})$ がランダムウォークであることが前提となっている[24]。したがって、$\pi_{t+1} = \pi_t + \varepsilon_{t+1}$（$\varepsilon_{t+1}$ はインフレ率のイノベーション）という期待インフレ率の仮定が成り立つためには RPI(t) と WPI(t) は単位根をもつことが必要である。

(2) 共和分検定

　各変数に対する単位根検定によって、当該変数がレベル系列では非定常（単位根を持つ）、一回階差系列では定常過程にある I(1) 変数だということが確認できたとき、両変数間の関係を調べるために共和分検定を用いることが出来る。両変数が共和分関係にあるとは、両変数系列が I(1) 変数であるとき、両者の線型結合も I(1) 変数になることが多いが、その線型関係が階差をとらずに定常である I(0) 変数になる場合のことである。このとき、両変数は長期均衡関係にあるといえる。本章では、2変数間の検定であることから、共和分検定にはエングル＝グランジャー検定（Engle-Granger test, ADF test for Cointegration）を用いる。

　本章が検証するフィッシャー仮説が成立するとき、名目利子率 i_t と期待イン

フレ率 $E(\pi_{t+j})$ の関係は、

$$i_t = \alpha + \beta E(\pi_{t+j}) + u_t \quad\quad (3.1)$$

である（$E(\pi_{t+j})$ は t 期の情報を基にした j 期後のインフレ率の期待値)[25]。

したがって、(3.1) 式を OLS（Ordinary Least Squares；最小二乗法）によって推計して誤差項 u_t を求め、その残差系列（residual）に ADF 検定をおこなう。すなわち、この残差系列が単位根を持つか否かを確認することで、前述のように期待インフレ率と名目利子率の間に長期均衡関係にあるか否か（＝フィッシャー効果が働いているか）を検証することが出来る[26]。

4．実証分析

(1)単位根検定

ADF 検定・PP 検定による単位根検定の結果は、（表3-1）と（表3-2）

表3-1　ADF 検定（Augmented Dickey-Fuller test）

変数	定数項	ラグ	トレンド＋定数項	ラグ	判定
call	-10.16***	8	-9.72***	8	I(0)
Δcall	-3.69***	9	-3.71**	9	
loan	-0.01	5	-4.71***	3	I(1)
Δloan	-5.21***	4	-5.13***	4	
GB	-0.75	1	-2.48	0	I(1)
ΔGB	-7.28***	0	-7.24***	0	
RPI(t)	1.02	5	-2.89	3	I(1)
ΔRPI(t)	-5.36***	4	-5.57***	4	
WPI(t)	-1.21	1	-2.61	3	I(1)
ΔWPI(t)	-5.57***	0	-5.53***	0	

注）*** は1％水準、** は5％水準。* は10％水準で単位根が存在するという帰無仮説が棄却されることを示す。また ADF 検定のラグ次数は、AIC 基準（最大ラグ数10）で選択した。

第3章 インフレ期待

表3-2　PP検定（Phillips-Perron test）

変数	定数項	バンド	トレンド＋定数項	バンド	判定
call	-1.61	0	-2.14	1	I(1)
Δcall	-7.31***	0	-7.28***	1	
loan	0.16	4	-4.88**	3	I(1)
Δloan	-11.52***	3	-11.68***	3	
GB	-0.70	2	-2.80	3	I(1)
ΔGB	-7.28***	0	-7.24***	0	
RPI(t)	-0.11*	4	-2.61	1	I(1)
ΔRPI(t)	-4.96***	13	-4.96***	13	
WPI(t)	-0.54	1	-2.04	2	I(1)
ΔWPI(t)	-5.50***	3	-5.45***	3	

注）***は1％水準、**は5％水準。*は10％水準で単位根が存在するという帰無仮説が棄却されることを示す。またPP検定のバンド幅は、Newey-West推計量で決定した。

の通りである[27]。（表3-1）・（表3-2）では、call、loan、GB、RPI(t)、WPI(t)の5変数についてのレベル及び一回階差系列について、トレンド項と定数項を含むケース、定数項のみ含むケースの検定結果を記載している。

　call、loan、GBの3つの金利系列の単位根検定は第2章の検定結果と同様である。callについてのADF検定や、loanについてのADF検定・PP検定の定数項のみのケースについて一定の留保が必要だが、単位根検定の検出力の弱さ等を勘案して、本章ではcall、loan、GBをI(1)変数だと判定する。

　GBとWPI(t)については、ADF検定・PP検定ともにドリフト項のみのケースとトレンド付きのケースともにレベル系列では非定常過程、1回階差系列では1％の有意性で単位根を持つという帰無仮説が棄却される定常過程となり、I(1)変数であることが示された。したがって以下では、call、loan、GB、RPI(t)、WPI(t)の5変数がI(1)変数であるとして検証をすすめる。

(2)共和分検定

　ここで、エングル＝グランジャー検定をおこなう推計式は、（3.1）式より、

前項の単位根検定でI(0)変数と判定されたcallを名目利子率とするケースを除いた、以下の（3. 2）〜（3. 7）の6式である。

$$call_t = \alpha + \beta E(rpi_{t+j}) + u_t \tag{3.2}$$

$$call_t = \alpha + \beta E(wpi_{t+j}) + u_t \tag{3.3}$$

$$loan_t = \alpha + \beta E(rpi_{t+j}) + u_t \tag{3.4}$$

$$loan_t = \alpha + \beta E(wpi_{t+j}) + u_t \tag{3.5}$$

$$GB_t = \alpha + \beta E(rpi_{t+j}) + u_t \tag{3.6}$$

$$GB_t = \alpha + \beta E(wpi_{t+j}) + u_t \tag{3.7}$$

検定結果は（表3-3）の通りである。（表3-3）が示すように、（3. 2）〜（3. 7）の全ての式についてエングル＝グランジャー検定によって、残差系列が非定常であるという帰無仮説が有意に棄却されず、I(1)系列であることがわ

表3-3 共和分検定（Engle-Granger test）

変数	統計量	判定
(call、RPI(t))resid	-2.46	I(1)
(call、WPI(t))resid	-2.03	I(1)
(loan、RPI(t))resid	-2.75	I(1)
(loan、WPI(t))resid	-2.03	I(1)
(GB、RPI(t))resid	-3.18	I(1)
(GB、WPI(t))resid	-2.05	I(1)

注）＊＊＊は1％水準、＊＊は5％水準、＊は10％水準で単位根が存在するという帰無仮説が棄却されることを示す。またラグ次数はAIC基準（最大10）で選択。臨界値はDavidson and Mackinnon [1993]のtable20.2より。

第3章 インフレ期待

かった[28]。すなわち、小売価格指数（RPI(t)）と卸売物価指数（WPI(t)）を用いた期待インフレ率と、コールレート（call）、証書貸付金利（loan）及び国債利回り（GB）を用いた3系列の名目利子率の間に、全てのケースで共和分関係が存在しないことが実証された。

以上の検定結果から、期待インフレ率と名目利子率の間に長期均衡関係が無かったことから、1930年代日本においては、期待インフレ率の変動が名目利子率に反映されるフィッシャー効果が計測されないことが明らかになった。

5．まとめ

(1)結論

本章では、1930年代の日本においてフィッシャー仮説が成立しているか否かについて、コールレート（call）、銀行貸付金利（証書貸付）（loan）、長期国債利回り（GB）、東京小売物価指数（RPI(t)）、卸売物価指数（WPI(t)）の5変数を用いて共和分検定によって検証した。

まず、ADF検定・PP検定による単位根検定の結果から、callについてはレベル系列で定常過程にあるI(0)変数であることがわかった。また、loan、RPI(t)については、一部の検定で、レベル系列では単位根をもつという帰無仮説が棄却されたものの、ADF検定・PP検定におけるドリフト項のみのケースとトレンド付きのケース全ての総合的な判定から、loan、RPI(t)の2変数はI(1)変数であることが示された。したがって、loan、RPI(t)と、ほぼ全ての検定でレベル系列では非定常過程、一回階差系列では定常過程であったGB、WPI(t)と併せた4変数がI(1)変数であることがわかった。

以上の単位根検定を踏まえて、期待インフレ率と名目利子率との間の長期均衡関係を検証する4つの式に関する共和分検定（エングル＝グランジャー検定）をおこなったところ、いずれも残差系列が非定常であるという帰無仮説が有意に棄却されず、I(1)系列であることがわかった。

以上の検定結果から、期待インフレ率（RPI(t)・WPI(t)）と名目利子率

55

(call、loan、GB) との間に共和分ベクトルが存在しないことが検証された。すなわち、1930年代日本においては、フィッシャー仮説が成立していなかったことが実証された。

(2) まとめと課題

　本章の実証分析によって、1930年代の日本においてはフィッシャー仮説が妥当しないことが定量的に明らかになった。この分析結果は、期待インフレ率が名目利子率に影響を与えるというチャネルが、当該期にはなかったことを示唆している。すなわち、当該期の金融緩和政策（金本位制離脱、日本銀行の新規発行国債引受）は、1920年代のデフレを克服した後は、1930年代を通じて期待インフレ率を高めることによって名目利子率を押し上げることはなかった。1931年末の政策レジーム転換で一定の景気回復に成功した後も（デフレギャップが消滅した後も）、金融政策がフィッシャー効果を発現させることはなかったという実証結果は、バーナンキ［2004］や富田［2006］の記述的な先行研究と概ね整合的である。こうした金利の期間構造の変動要因を説明し得るスキームとしては、先述した期待仮説や流動性プレミアム仮説などが妥当していた可能性があるが、その一方で当該期の統制的な国債市場や資本逃避防止法、外国為替管理法などによる為替管理の影響も考慮する必要があるかもしれない。

　最後に、本章にはいくつかの限界がある。まず、前述したようにフィッシャー仮説以外の金利の期間構造に関する仮説（流動性プレミアム仮説など）の問題がある。例えば本章で検定をおこなった長期金利系列（loan、GB）のケースについては、Hicks［1946］の指摘するように、本章のモデルでは考慮に入れなかった流動性プレミアムが内包されている可能性がある[29]。こうした仮説の妥当性については、長短金利スプレッドなどを用いた検証が必要であるが本章では立ち入っていない。

　次に、1930年代のデータを用いるという制約による金利系列の問題がある。本章が用いた銀行貸出金利（貸付証書）は、リスクプレミアムを内包した系列であるという鎮目［2009］の指摘があり、当該期の金利動向を代表するもので

はなかった可能性がある[30]。また、本章では3系列の金利データについて検討したのみであるが、第2章と同様に、金利の期間構造全体をみるためにはより多種のタームをもった金利データを利用することが望ましいと考えられる[31]。以上の点については、今後の検討課題としたい。

1）この項のフィッシャー効果の説明は、大村・浅子・池尾・須田［2004］によった。
2）フィッシャー［1980］。
3）白川［2008］、344-47ページ。
4）細野・杉原・三平［2001］；宮尾［2006］；木村・藤田［1999］。
5）ここで言う「高橋財政期」とは、1931年12月13日に高橋是清が犬養毅内閣の大蔵大臣に就任してから、1936年2月26日のいわゆる2.26事件によって死亡するまでの期間を指す。厳密には、この間1934年7月8日から同年11月26日の間に藤井真信蔵相（岡田啓介内閣）を挟んでいる。
6）岡田・安達・岩田［2002］、171-193ページ。
7）バーナンキ［2004］、188-189ページ。
8）富田［2006］、430-432ページ。
9）ギブソン・パラドックスとは、利子率と物価水準の間に見られる正の相関のこと。ギブソン・パラドックスについては、浅子・村［1991］などを参照のこと。
10）飯田・岡田［2004］、195-215ページ。同様に安達［2006］は、飯田・岡田［2004］の検証結果を用いて、1930年代のデフレ克服を、レジーム転換による「期待インフレ率の反転」という観点から説明している。
11）鎮目［2009］、113-132ページ。
12）本章で使用する各データの出所は以下の通りである。
　①卸売物価指数（WPI）…藤野・五十嵐［1973］
　②東京小売物価指数（RPI）…日本銀行調査局編［1964］・［1978］。
　③コールレート（call）…日本銀行調査局編［1964］・［1978］。
　④銀行貸出金利（証書貸付）（loan）…藤野・五十嵐［1973］
　⑤長期国債利回り（GB）…三菱経済研究所編［1936］～［1938］
13）インフレ期待形成については、主にフィリップス型とNAIRU（Non-Accelerating Inflation Rate of Unemployment）型の2つがある。前者はインフレ率は平均的に一定の値をとる期待形成が前提であるとし、後者は毎期ごとに前期のインフレ率実現値に合わせて期待インフレ値を修正し、インフレ率は単位根をもつランダムウォークになるとする（清水［1978］；伊藤［1978］）。

14) 飯田・岡田［2004］、195-199ページ；伊藤［2005］、59ページ；佐竹［2007］、179-181ページ。
15) 伊藤［2005］、59ページ。
16) 本章の分析期間を1931年8月～1937年7月としたのは、前者がイギリスが金本位制を離脱し、満州事変が勃発した1931年9月の前月であり、後者は盧溝橋事件勃発月（日中戦争の開始）であるためである。
17) 同系列を分析に用いた飯田・岡田［2004］に対して、当該期の証書貸付金利は高水準のリスクプレミアムが附加されたものであり、実証分析の検証にあたっては留意が必要だとする批判があるが（鎮目［2009］）、利用可能なデータの制約上、本稿でも同データ系列を用いている。
18) 各データの原系列のグラフについては、本書末の原データグラフを参照のこと。
19) 当該期の証書貸付金利は、主に1年超～数年以内の銀行貸付に適用された利率である（藤野［1994］；飯田・岡田［2004］）。
20) 単位根とは、自己回帰式の定常性の条件を決定する固有方程式の根が1であることである。
21) 蓑谷［2003］、247ページ。
22) 非定常系列には、単位根系列と発散系列があるが、経済変数としては発散系列は考えにくいため、ここでは定常性の検定として単位根検定をおこなう。
23) 単位根の概念、及びADF検定・PP検定などの単位根検定については、蓑谷［2003］、376-429ページ、松浦・マッケンジー［2001］、229-261ページ、に詳しい。
24) ランダムウォーク（酔歩）とは、
$$y_t = y_{t-1} + u_t \qquad u_t \sim iid\ (0, \sigma^2)$$
すなわち、y_tが前期の値とホワイトノイズな誤差に依存する系列のことである（松浦・マッケンジー［2001］、230-231ページ）。
25) フィッシャー方程式の定式化については、伊藤［2005］、長原［2007］などに従った。
26) ただし、厳密な意味でフィッシャー仮説が成立するためには、期待インフレ率に等しい分だけ名目利子率が変化するか否かが問題となるため、共和分ベクトルが（1、-1）でなければならない（伊藤［2005］、p57）。したがって、期待インフレ率と名目利子率が共和分の関係にあるとき、追加的にDynamic OLSなどで(1)式の$\beta = 1$が棄却できるか否かを検証する必要があるが、後述のように本章の分析結果は2変数間に共和分関係が存在することを棄却したため、この検証はおこなっていない。
27) 第2章での同様の検定と重複する箇所が多いが、本章の検証にとって重要なので再掲する。
28) ここでは、エングル＝グランジャー検定による共和分検定の頑健性を高めるため、ヨハンセン検定（Johansen cointegration test）も同様におこなった。ヨハンセン検定は

(1)式を変形した、$i - \alpha - \beta E(\pi)$ が、I(0)になるか否かを帰無仮説を立てて検定するものである。ヨハンセン検定においても、同様に各変数間に共和分が無い（共和分ベクトルが最大0本ある）という帰無仮説が棄却されず、いずれも共和分関係が検出されないという検定結果となった。

29) Hicks ［1946］、p1 66.
30) 注17を参照のこと。
31) 例えば、本章が分析スキームを参考にした伊藤［2005］では、1990年代の金利期間構造の分析において18系列の金利データを用いている。

第4章　金融政策の効果
―― 構造 VAR モデルによる政策効果の分析 ――

1．はじめに

(1)本章の目的

　1931年12月13日、犬養毅首相を首班とする政友会内閣が成立した。同内閣の高橋是清大蔵大臣は、直ちに同日に大蔵省令第36号によって金輸出再禁止を、同17日には緊急勅令第291号によって日本銀行券の金兌換停止をおこない、それまで浜口 - 若槻民政党内閣が堅持していた金本位制から離脱した。この金本位制離脱以降、日本銀行の金融政策レジームは、事実上の管理通貨制という新たなレジームへと変更されたといえる。また1930年代は、いわゆる高橋財政によって、1929年以来の世界恐慌と井上財政がもたらした深刻な不況状態から急激に回復し1920年代後半のデフレーションを克服する前半期と、1940年代の戦時期・戦後期のハイパー・インフレーションへと繋がる後半期という異なる2側面を内包するため（図4 - 1）、その間の日本銀行の金融政策を実証的に解明することは非常に重要な課題である。

　本章の目的は、時系列分析の手法、より具体的には、構造 VAR（Structural Vector Auto-Regression：多変量自己回帰）モデルを用いて、1930年代の日本銀行による金融政策のショックが実体経済（物価指数や生産指数）に与えた影響について、インパルス反応（Impulse-responses）関数の形状と予測誤差の分散分析（forecast error variance decomposition）から分析することである。

　本章の構成は以下の通りである。まず、第2節では先行研究について概観する。第3節ではデータやモデルの概要など、本章の分析のフレームワークを明

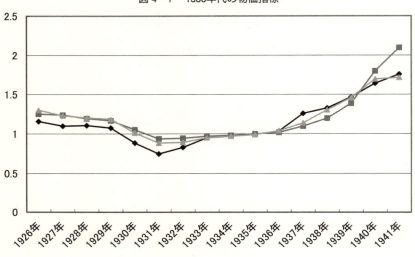

図4-1　1930年代の物価指標

凡例：卸売物価指数　消費者物価指数　東京小売物価指数

注）1934～1936年平均を1とした指数。
資料）日本銀行『日本銀行百年史』資料編、436～437ページのデータより作成。

示する。第4節では、第3節で示したフレームワークのもと金融政策ショックについて実証分析する。そして第5節では、実証分析に基づいて、1930年代の金融政策の効果について考察する。

(2) 先行研究

　1930年代の日本銀行の金融政策の効果についての記述的な研究は数多いが、数量的な分析をした研究はあまり多くはない。第1章・第2章での先行研究整理と一部重複するが、ここでは当該期の金融政策について計量的に実証している先行研究に絞った上で、本章の分析目的に照らして概観する。

　まずHamori and Hamori［2000］は、第二次世界大戦前（1885年～1940年）における実質GNP、マネー（マネーサプライ）、物価（GNPデフレータ）、金

利の4変数 VECM（Vector Error Correction Model）を計測し、マネーから物価、物価からマネーと、実質 GNP からマネー、実質 GNP から物価へのグランジャー因果性が検出されることを明らかにした。また鎮目［2002］は、第二次世界大戦前（1886年～1940年）における日本銀行の金融政策の変遷について、「テイラー・ルール」[1]型政策反応関数の枠組みを用いて評価し、1930年代の金融政策についても「開放経済のトリレンマの問題」[2]から分析し、「本来は管理通貨制度のもとで可能だったはずの、国内経済の安定に繋がる方向での金融政策運営が行われていたとは必ずしもいえない」と結論づけている。そして中澤・原田［2002］は、第二次世界大戦前（1889年～1940年）における日米両国について、それぞれ財政政策変数（実質政府支出）、金融政策変数（マネーサプライ・公定歩合）、為替レート、実質輸出、卸売物価指数、実質 GNP の6変数による制約なしの VAR モデルを用いて分析している。その結果、戦前期における財政政策は実質 GNP を高める効果があったが物価を高める効果はなかったこと、マネーサプライは実質 GNP と物価を高める効果があったこと、を確認している。

　以上3つの分析は、長期的なスパンでの、金融政策と実体経済の間の因果関係を考えるときに貴重な示唆を与えてくれるものだが、年次データを用いていることから、短期的な金融政策ショックがどのような効果を与えるかを分析するには限界がある。

　次に月次データを用いた分析として、Cha［2003］は、1930年代（1930年10月～1936年9月）のデータを用いて、世界生産、財政政策変数（実質政府債務）、金融政策変数（ベースマネー）、実質賃金、生産指数（鉄道輸送量）、輸出数量、の6変数 VAR の分析をおこない、世界生産と財政政策が生産指数に影響を与えたこと、金融政策は実体経済にほとんど影響を与えなかったこと、を明らかにしている[3]。ただし、Cha の分析には変数として物価指数が含まれておらず、金融政策ショックの効果を分析するにあたっては問題がある。中澤・原田［2004］は Cha の研究をふまえ、戦間期（1926年1月～1938年4月）のデータを用いて、財政政策変数（実質一般会計歳出）、金融政策変数（狭義

マネーサプライ)、輸出数量指数、生産指数、卸売物価指数の制約なしの 5 変数 VAR を計測している[4]。その結果、財政政策・金融政策ともに生産には概ね影響を与えなかったこと、金融政策が物価に有意に影響を与えたこと、が検証されている。

　梅田［2006］は、戦間期（1926年1月～1936年12月）のデータを用いて、海外物価要因（英米仏の WPI 加重平均）、名目実効為替レート、財政政策変数（実質一般会計歳出）、金融政策変数（ベースマネー）、需給ギャップ、国内物価（WPI）の 6 変数の構造 VAR モデルを計測し、各政策変数の物価に対する影響に焦点をあてた分析をおこなっている。そして、当該期の物価変動の主要因は為替レートと海外物価であり、需給ギャップと金融政策変数はある程度の影響を与えるものの財政政策変数はほとんど影響を及ぼしていない、と結論付けている。

　佐藤・中澤・原田［2007］は、戦間期（1926年1月～1936年12月）のデータによって、財政政策変数（実質一般会計歳出、実質債務、名目政府支出、名目債務のいずれか）、金融政策変数（広義マネーサプライ）、金利（コールレート）、生産指数、物価（小売物価指数または卸売物価指数）の 5 変数（及びそれに為替レートを追加した 6 変数）の制約なしの VAR モデルを計測している。そして、財政政策がほとんど物価と生産に影響を与えないこと、金融政策が物価と生産を上昇させること、が明らかにされている。

　これらの、月次データを用いた先行研究の多くは、昭和金融恐慌（1927年）や昭和恐慌（1929年～）によるデフレーションからの回復要因に分析主眼がおかれているため、財政政策・金融政策などの各政策間の比較をその中心とし、基本的に1920年代から1930年代末までを連続した期間として分析がなされている[5]。しかし、一般的に時系列分析などで計量的に分析される金融政策ショックは、政策レジームの変化（政策ルールの変更）ではないことが前提とされる[6]。既述のように、戦間期には、1931年に事実上の管理通貨体制へと移行したことによる基本的な政策レジーム変更がなされており、経済構造や変数間の相互関係が変化していると考えられる。したがって1930年代の日本の金融政策

第 4 章　金融政策の効果

を分析するにあたっては、1931年末に歴史的に大きな構造変化があることに留意することが必要であり、年次データを用いた長期的（50年前後）分析はもちろん、月次データを用いた場合でも、1920年代末から1930年代末までを連続した期間とすることには問題があると思われる。

　以上の先行研究の成果を踏まえて、本章では、①月次データを用い、②政策レジームの変化に留意した上で、③金融政策ショックに焦点を絞った分析を、よりシンプルで妥当な構造 VAR モデルを用いることでおこなうこととする[7]。

2．分析のフレームワーク

(1)分析の期間

　本章の分析期間を、1931年12月から1937年7月までとする。なぜなら、①1931年12月13日における金輸出再禁止・同12月17日の日本銀行券の金兌換停止によって日本は金本位制から離脱し、事実上の管理通貨体制へ移行したこと、②1937年7月7日の日中戦争開始によって、それ以降は戦時経済体制へと移行したこと、の二点から、政策レジームを考慮に入れた1930年代の日本の金融政策の分析をするにあたっては、当該期間が対象として最も妥当だと考えられるからである。

(2)金融政策変数

　VAR 分析によって金融政策のショックを識別しようとする際には、日本銀行が直接的に影響を及ぼし得る金融政策変数、すなわちコールレートなどの短期金融市場における短期金利か、ベースマネーや準備預金などの狭義の貨幣量を用いることが必要である[8]。

　当該期には、新規国債の日銀引受発行制度などによって、日本銀行による公開市場操作（マーケット・オペレーション）が初めて本格的に採用された[9]。したがって、日本銀行が売りオペレーションによる流動性コントロールを、制度として実行可能な環境が整えられた時期でもある[10]。ただし、横浜正金銀行

による資金操作の場になるなどの当時のコール市場の特殊性や、第2章における金利の期間構造の検証結果から、コールレートは金融政策操作目標としては必ずしも適切でないと考えられる[11]。以上の点を勘案し、本章の分析では当該期の日本銀行の金融政策変数を量的指標であるベースマネーだと仮定する。

(3)データ系列

本章の構造VARモデルによる分析に用いる変数は、①ベースマネー（BM）、②コールレート（call）、③東京小売物価指数（RPI）、④鉱工業生産指数（IIP）、⑤名目為替レート（E）の5変数である。ただし、名目為替レートを除いた4変数による簡略版の構造VARモデルによる分析も併せておこなう[12]。これらのデータはいずれも月次である。これは、分析での自由度を確保するためと同時に、構造VARモデルの識別条件に、短期間における金融政策変数の変動と経済変数の反応を観察する目的を組み込んでいるためである[13]。また、金利（コールレート）を除く各変数は移動平均法によって季節調整をおこなった後、自然対数変換している。各変数に対するADF検定（Augmented Dickey-Fuller test）・PP検定（Phillips-Perron test）の結果、全ての変数に単位根が存在したが、誘導型VARの推計に際して非定常な変数が含まれていても、構造VAR分析における水準による推定量は一致性を持つことが知られていることから、本分析では全ての変数は階差を取らず水準データを使用することとする[14]。

(4)構造VARモデル

分析に用いる構造VARは以下の（4.1）式のように表される[15]。

$$A_0 x_t = c + A(L)x_t + \varepsilon_t \quad ; \varepsilon_t \sim i.i.d(0, D) \qquad (4.1)$$

このとき、x_t は n 個の内生変数のベクトルであり、c は定数項ベクトル、A は係数行列、ε_t は誤差項のベクトル、D は共分散行列である。また $A(L)$ はラ

第4章　金融政策の効果

グ・オペレーターを表す。

（4.1）式に明らかなように、係数行列 A_0 を置くことによって、同式には経済の同時決定構造の関係が明示的に組み込まれている。したがって誤差項 ε_t も、各々が金融政策ショックなどの経済各部門の経済的な構造ショックを示す。

ここでリカーシブ（recursive）制約を課し、構造 VAR モデルの同時点の各変数間の関係（係数行列 A_0）に下三角構造を仮定する[16]。これにより、各変数の順序が外生性の程度を表すことになるわけである。

本章の分析では、5変数の順序を以下の（4.2）式のように決めている。まず、ベースマネー（m）は最も外生的な金融政策の指標で、短期金融市場でベースマネーの影響を直接受けるコールレート（r）よりも先決変数であることを反映している。つまりベースマネー（m）が先頭にくるのは、金融政策変数（＝ベースマネー）は最も先決性が高いからで、日本銀行がベースマネーの水準を決める際には、同時点における金利・価格・生産などの経済状況を観察できない。これは既述のような当該期の日本銀行の制度的な背景から、本章ではベースマネーを金融政策変数として仮定しているからである。

次に、小売物価指数（p）・鉱工業生産指数（y）の変数の順に、他の同時点の経済変数にあまり敏感に反応しないことを想定している。そして、名目対米為替レート（e）が最も内生的変数で、他の全ての変数に同時点で反応すると仮定している。

$$\begin{pmatrix} a_{11} & 0 & 0 & 0 & 0 \\ a_{21} & a_{22} & 0 & 0 & 0 \\ a_{31} & a_{32} & a_{33} & 0 & 0 \\ a_{41} & a_{42} & a_{43} & a_{44} & 0 \\ a_{51} & a_{52} & a_{53} & a_{54} & a_{55} \end{pmatrix} \begin{pmatrix} m_t \\ r_t \\ p_t \\ y_t \\ e_t \end{pmatrix} = c + A(L) \begin{pmatrix} m_t \\ r_t \\ p_t \\ y_t \\ e_t \end{pmatrix} + \begin{pmatrix} \varepsilon_t^m \\ \varepsilon_t^r \\ \varepsilon_t^p \\ \varepsilon_t^y \\ \varepsilon_t^e \end{pmatrix} \quad (4.2)$$

(1)式の両辺に A_0^{-1} を乗じることによって、各変数がそれらの過去の値からのみ説明される以下の誘導形 VAR（4.3）式が推定される。

$$\begin{aligned} x_t &= A_0^{-1}c + A_0^{-1}A(L) + A_0^{-1}\varepsilon_t \\ &= k + B(L)x_t + u_t \end{aligned} \quad (4.3)$$

そして、この誘導形の誤差項を u_t、構造ショックを ε_t とすると、両者の関係は（4.4）式のようになり、この関係から A_0^{-1} が推計される（k は定数項、(L) はラグ・オペレーター）。

$$\begin{pmatrix} a_{11} & 0 & 0 & 0 & 0 \\ a_{21} & a_{22} & 0 & 0 & 0 \\ a_{31} & a_{32} & a_{33} & 0 & 0 \\ a_{41} & a_{42} & a_{43} & a_{44} & 0 \\ a_{51} & a_{52} & a_{53} & a_{54} & a_{55} \end{pmatrix} \begin{pmatrix} u_t^m \\ u_t^r \\ u_t^p \\ u_t^y \\ u_t^e \end{pmatrix} = \begin{pmatrix} \varepsilon_t^m \\ \varepsilon_t^r \\ \varepsilon_t^p \\ \varepsilon_t^y \\ \varepsilon_t^e \end{pmatrix} \quad (4.4)$$

(5) ラグの次数

VAR モデルのラグの次数を選択するために、考慮する最大のラグ次数を12とした上で、LR 基準（sequential modified LR test statistic）、AIC 基準（赤池情報基準）、SIC 基準（Schwarz information criterion）、HQ 基準（Hannan-Quinn information criterion）を算出した（表4-1）。その結果、AIC 基準では7次のラグ、その他の基準では2次のラグが選択された。本分析では自由度を確保するために、SIC 基準などに従い2次のラグを採用する[17]。

3．実証分析

(1) 金融政策ショックに対するインパルス反応関数

一つめの検証としてインパルス反応（Impulse-responses）関数を用いて、構造 VAR モデルにおける金融政策ショックに対する各変数の累積的な反応をみる。インパルス反応関数とは、ある変数の誤差項に与えられた衝撃（イノ

第4章　金融政策の効果

表4-1　情報量基準によるラグ次数の決定

ラグ次数	LR	AIC	SIC	HQ
1	502.7878	28.15204	28.32071	28.21849
2	44.55556*	20.26454	21.27652*	20.66321*
3	35.64292	20.20512	22.06041	20.93601
4	27.83364	20.24381	22.94241	21.30692
5	33.70019	20.37776	23.91968	21.7731
6	27.94175	20.27217	24.6574	21.99973
7	36.01734	20.2067*	25.43524	22.26648

注）*が各基準によって採用された5変数VARモデルのラグ次数。考慮するラグ次数は最大12とした。

ベーション：innovation）がその他の変数にどうように伝搬しているかを示す関数で、その形状を観察することによってVARモデルにおける各変数間の影響を分析する方法である。したがって、ここでは金融政策の指標であるベースマネーが増加したときに、物価や生産がどのように変化したかを見ることになる。

　分析から得られた（図4-2）によれば、本章が想定する（m、r、p、y、e）の5変数モデルにおいては、1標準誤差の金融政策ショック（ベースマネー拡大による金融緩和）によって、小売物価指数（RPI）と鉱工業生産指数（IIP）が上昇していることが明らかである[18]。また、コールレートと対米為替レートは下落する反応を見せており、いずれの経済変数も、ベースマネーを金融政策変数とした際の、多くの経済モデルと整合的な金融緩和政策の効果が見て取れる[19]。

　続いて、その他の構造ショックの効果についてもインパルス反応関数の形状から簡単に考察する。（図4-2）にあるように、この（m、r、p、y、e）の5変数モデルにおいては、金利ショック（コールレートの上昇）は、ベースマネーを減少させるほか、小売物価指数（RPI）にマイナス効果を、対米名目為替レートにプラスの効果を与えている[20]。また、僅かながら生産にもマイナスの影響を与えている。

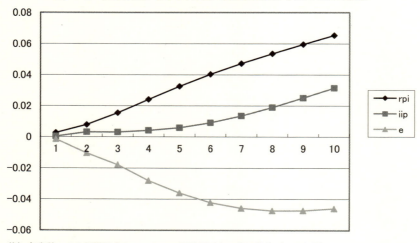

図4-2　金融政策ショックに対する累積的反応（インパルス反応）

注）各変数への1標準誤差ショックへの累積的反応。第10期後（10ヶ月後）まで。

　価格ショック（小売物価指数の上昇）は、ベースマネーを増大させ、コールレートを若干下降させている[21]。そして、物価自身と鉱工業生産指数（IIP）を上昇させている[22]。

　生産ショック（鉱工業生産指数の上昇）は、ベースマネーと小売物価指数（RPI）を上昇させると同時に、生産自身にも影響を与えている。為替ショック（対米為替レートの上昇）は、ベースマネーを減少させると同時に、コールレートを上昇させ、小売物価指数（RPI）・鉱工業生産指数（IIP）を下落させている[23]。

　以上のように、(m、r、p、y、e) 5変数の構造VARモデルは、全体的に1930年代日本の経済状況の特徴とも整合的で解釈可能なインパルス反応が得られている[24]。したがって、本章の構造VARモデルは概して説得力が高く妥当であるといえる。

(2) 予測誤差の分散分解

　二つめの検証として、予測誤差の分散分解（forecast error variance decomposition）をおこなう。インパルス反応関数による検証は、その反応関数の形状から変数間の関係を見るものであったが、予測誤差の分散分解では、ある変数の変動が他の変数がどの程度影響しているかを見ることになる。したがって、本章の検証では、特に1930年代の物価と生産への影響力を測定するために、小売物価指数（RPI）と鉱工業生産指数（IIP）の変動に対する、（m、r、p、y、e）各変数の相対的な寄与度から金融政策ショックの効果を見る。

　まず（表4-2）の、（m、r、p、y、e）5変数モデルにおける小売物価指数（RPI）の予測誤差の分散分解の結果からは、金融政策ショックが小売物価指数（RPI）に与える影響は、1ヶ月後の9.49％から6ヵ月後の40.48％まで連続的に上昇し、それ以降は40％強の影響を持続的に及ぼしていることがわかる。その影響は12ヶ月後（42.02％）・24ヶ月後（40.30％）までにも持続しており、小売物価指数（RPI）の自己ショック（12ヶ月後に30％強）を含めても小売物価指数（RPI）の変動に最も強い影響を与えていると言える。

　次に（表4-3）の、同5変数モデルにおける鉱工業生産指数（IIP）の予測誤差の分散分解の結果からは、金融政策ショックが鉱工業生産指数（IIP）の変動に与える影響は、1ヶ月後には0.02％とほとんどネグリジブルであるが、

表4-2　RPIに対する相対的寄与度（予測誤差の分散分解）①

	m	r	p	y	e
1期後	9.49	3.98	86.25	0.00	0.00
3期後	24.72	14.06	59.11	0.17	1.93
6期後	40.48	14.41	39.24	3.11	2.75
9期後	42.56	13.42	33.13	7.46	3.43
12期後	42.02	12.83	30.42	10.48	4.13
18期後	41.05	12.32	26.90	14.32	5.40
24期後	40.30	12.03	24.92	16.37	6.37

注）数値は％。m、r、p、y、eはそれぞれ、ベースマネー、コールレート、小売物価指数、鉱工業生産指数、対米為替レート。

表4-3 IIPに対する相対的寄与度（予測誤差の分散分解）①

	m	r	p	y	e
1期後	0.02	0.83	2.76	96.38	0.00
3期後	0.67	0.82	1.59	95.58	1.32
6期後	1.27	0.78	4.99	89.29	3.67
9期後	4.79	1.83	7.99	79.15	6.23
12期後	8.67	2.98	9.20	71.15	7.99
18期後	14.35	4.86	10.67	60.48	9.64
24期後	17.95	5.99	11.53	54.35	10.16

注）数値は%。m、r、p、y、eはそれぞれ、ベースマネー、コールレート、小売物価指数、鉱工業生産指数、対米為替レート。

その後は連続的に上昇し、12ヶ月後の時点においては8.67%であることがわかる。この鉱工業生産指数（IIP）の予測誤差の分散分解では、鉱工業生産指数（IIP）の自己ショックが極めて大きい上に、12ヶ月後時点での金融政策ショックの影響の強さは、他の2要因と同程度（価格ショック9.20%、為替レートショック7.99%）になっている。しかし、金融政策ショックの影響は24ヶ月後までにも持続的に拡大しており、24ヶ月後時点では17.95%と鉱工業生産指数（IIP）の自己ショック（24ヶ月後に54%強）を除いて鉱工業生産指数（IIP）の変動に最も強い影響を与えるようになる[25]。

したがって、小売物価指数（RPI）と鉱工業生産指数（IIP）の予測誤差の分散分解から見ると、本章の（m、r、p、y、e）5変数モデルからは、1930年代の金融政策ショックが物価と生産に与える影響はその寄与度からも相対的に大きいことがわかる[26]。

(3) 頑健性の検証

既述のようにリカーシブな制約を置いた構造VARモデルにおいては、制約なしの誘導型VARモデルと異なり、諸変数の先決順序がインパルス反応関数や分散分解による分析結果に大きな影響を与え得る。本章では、これまで一貫して（m、r、p、y、e）という制約を置いた5変数モデルを用いてきたが、

第4章　金融政策の効果

1930年代の日本の金融構造に明確なコンセンサスがある訳ではない。特に為替レート（e）は、金融政策もしくは物価に大きな影響を与える変数として考慮すべきであるという議論があり、その制約の置き方によってインパルス反応が大きく異なる可能性がある[27]。

そこで、本章の（m、r、p、y、e）5変数モデルから得られた計測結果の頑健性を確かめるために、為替レート変数（e）の順序を置換したモデルについてもインパルス反応関数を計測し、金融政策ショックへの反応をみる[28]。また同時に、資産価格上昇が1930年代の物価と生産に与えた役割を考慮して、株価指数（sp）を含めた（m、r、sp、p、y）5変数モデルのインパルス反応関数についても追加的に計測し、同じく（m、r、p、y、e）5変数モデルから得られた計測結果との差異を検討する[29]。

ⅰ）（m、r、p、y）4変数モデル

まず、為替レート（e）をシステムから外した（m、r、p、y）の4変数モデルにおける金融政策ショックに対する各変数の累積的な反応をみる。

（図4-3）で明らかなように、（m、r、p、y）の4変数モデルのインパルス反応関数の形状を見てみると、金融政策ショック（ベースマネー拡大による金融緩和）によって、小売物価指数（RPI）と鉱工業生産指数（IIP）が上昇している。したがって、（m、r、p、y）4変数モデルにおいても、金融政策ショックが持続的に物価・生産に影響を与えたことが確認できる。

また、（m、r、p、y）の4変数モデルにおける金融政策ショック以外の構造ショックを見てみると、金利ショック（コールレート上昇）は、ベースマネーと小売物価指数（RPI）には影響を全く与えていないが、鉱工業生産指数（IIP）には若干のマイナス効果を与えている。価格ショック（小売物価指数上昇）は、5変数モデルと同様に、ベースマネーと鉱工業生産指数（IIP）を上昇させ、コールレートを下落させている。そして同様に、生産（鉱工業生産指数）ショックは、ベースマネーと小売物価指数（RPI）を上昇させ、生産自身にも影響を与えている。

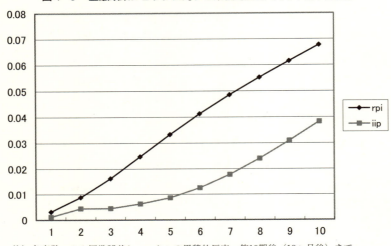

図4-3　金融政策ショックに対する累積的反応（インパルス反応）

注）各変数への1標準誤差ショックへの累積的反応。第10期後（10ヶ月後）まで。

　さらに、(m、r、p、y) 4変数モデルにおける小売物価指数（RPI）の予測誤差の分散分解の結果からは、金融政策ショックが小売物価指数（RPI）の変動に与える影響は、1ヶ月後の11.72％から6ヵ月後には40％弱まで連続的に上昇している。そして、それ以降は24ヶ月後までその40％弱の影響を持続的に及ぼしていることがわかる（表4-4）。その影響は、小売物価指数（RPI）の自己ショック（12ヶ月後に52.53％）を除くと小売物価指数（RPI）の変動に最も強い影響を与えている[30]。この分析結果は先述の5変数モデルによる説明と極めて整合的である。

　そして (m、r、p、y) 4変数モデルにおける鉱工業生産指数（IIP）の予測誤差の分散分解の結果からは、金融政策ショックが鉱工業生産指数（IIP）の変動に与える影響は、1ヶ月後の0.23％から連続的に上昇し、12ヶ月後の時点においては9.74％となっている（表4-5）。この時点での金融政策ショックの影響の強さは、鉱工業生産指数（IIP）の自己ショック（52.89％）、価格ショック（29.83％）に次ぐものであるが、影響は24ヶ月後までにも持続的に拡大し

第4章 金融政策の効果

表4-4 RPIに対する相対的寄与度（予測誤差の分散分解）②

	m	r	p	y
1期後	11.72	1.02	87.26	0.00
3期後	22.56	0.81	76.59	0.04
6期後	36.93	0.94	60.65	1.46
9期後	39.84	0.72	54.53	4.91
12期後	39.27	0.61	52.53	7.59
18期後	37.96	0.62	50.36	11.05
24期後	36.87	0.73	49.33	13.07

注）数値は％。m、r、p、yはそれぞれ、ベースマネー、コールレート、小売物価指数、鉱工業生産指数。

表4-5 IIPに対する相対的寄与度（予測誤差の分散分解）②

	m	r	p	y
1期後	0.23	4.36	3.61	91.80
3期後	1.01	6.52	3.59	88.87
6期後	1.89	8.77	15.37	73.96
9期後	5.72	8.28	25.17	60.83
12期後	9.74	7.53	29.83	52.89
18期後	15.61	6.08	35.05	43.26
24期後	19.62	5.00	37.89	37.49

注）数値は％。m、r、p、yはそれぞれ、ベースマネー、コールレート、小売物価指数、鉱工業生産指数。

ており、24ヶ月後には19.62％と鉱工業生産指数（IIP）の変動への影響を強めていることがわかる。この分析結果も5変数モデルによる説明と極めて整合的である。

ⅱ）(m、r、e、p、y) 5変数モデルと (e、m、r、p、y) 5変数モデル
　次に、対米為替レートeの先決順序を入れ替えた、(m、r、e、p、y) と (e、m、r、p、y) の5変数構造VARモデルにおける金融政策ショックに対する各変数の累積的なインパルス反応関数をみる。両モデルともに、金融政策

ショックによって、小売物価指数（RPI）と鉱工業生産指数（IIP）が上昇している（図4-4、図4-5）[31]。同時に、コールレートと対米為替レートは下落しており、(m、r、p、y、e) と同様に金融緩和政策の効果が見て取れる[32]。

また金融政策ショックは、小売物価指数（RPI）の予測誤差を分散分解するとそれぞれ12ヶ月後には小売物価指数（RPI）の変動の40％前後の影響を与え、それが24ヶ月後まで持続している（表4-6、表4-8）。さらに鉱工業生産指数（IIP）の予測誤差を分散分解すると、金融政策ショックはそれぞれ12ヶ月後には鉱工業生産指数（IIP）の変動の8〜9％の、24ヶ月後には17％強の影響を与えている（表4-7、表4-9）。

これらの結果は、本章の (m、r、p、y、e) 5変数モデルでの金融政策に関する数値と大きな変化はない。

ⅲ) (m、r、sp、p、y) 5変数モデル

さらに、対米為替レートの代わりに株価指数（SP）を採用し、資産価格の

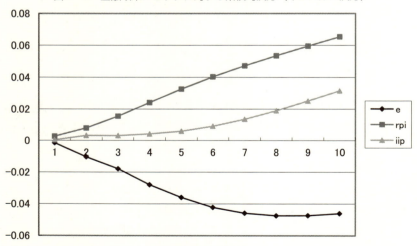

図4-4 金融政策ショックに対する累積的反応（インパルス反応）

注) 各変数への1標準誤差ショックへの累積的反応。第10期後（10ヶ月後）まで。

第 4 章　金融政策の効果

図 4-5　金融政策ショックに対する累積的反応（インパルス反応）

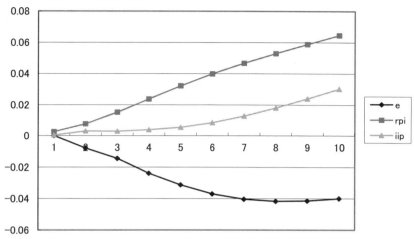

注）各変数への 1 標準誤差ショックへの累積的反応。第 10 期後（10 ヶ月後）まで。

表 4-6　RPI に対する相対的寄与度（予測誤差の分散分解）③

	m	r	e	p	y
1 期後	9.49	3.98	0.46	86.06	0.00
3 期後	24.72	14.06	3.55	57.49	0.17
6 期後	40.48	14.41	4.11	37.82	3.18
9 期後	42.56	13.42	4.71	31.72	7.59
12 期後	42.02	12.96	5.42	28.94	10.66
18 期後	41.05	12.32	6.72	25.32	14.58
24 期後	40.30	12.03	7.72	23.27	16.68

注）数値は％。m、r、p、y、e はそれぞれ、ベースマネー、コールレート、小売物価指数、鉱工業生産指数、対米為替レート。

上昇が経済に与える影響を加味した（m、r、sp、p、y）5 変数モデルにおける、金融政策ショックに対する各変数の累積的なインパルス反応関数をみる。
　（m、r、sp、p、y）5 変数モデルでは、金融政策ショックによって、小売物価指数（RPI）と鉱工業生産指数（IIP）が上昇する上に株価指数も同様に上

表4-7　IIPに対する相対的寄与度（予測誤差の分散分解）③

	m	r	e	p	y
1期後	0.02	0.84	0.00	2.78	96.36
3期後	0.67	0.82	1.12	1.58	95.81
6期後	1.27	0.78	3.75	4.51	89.68
9期後	4.79	1.83	6.65	7.08	79.64
12期後	8.67	2.98	8.60	8.06	71.69
18期後	14.35	4.86	10.48	9.29	61.03
24期後	17.95	6.00	11.11	10.03	54.91

注）数値は％。m、r、p、y、eはそれぞれ、ベースマネー、コールレート、小売物価指数、鉱工業生産指数、対米為替レート。

表4-8　RPIに対する相対的寄与度（予測誤差の分散分解）④

	e	m	r	p	y
1期後	0.83	9.33	3.78	86.06	0.00
3期後	5.22	24.06	13.05	57.49	0.17
6期後	6.12	39.56	13.32	37.82	3.18
9期後	6.80	41.57	12.32	31.72	7.59
12期後	7.61	40.98	11.81	28.94	10.66
18期後	9.07	39.93	11.10	25.32	14.58
24期後	10.19	39.12	10.75	23.27	16.68

注）数値は％。m、r、p、y、eはそれぞれ、ベースマネー、コールレート、小売物価指数、鉱工業生産指数、対米為替レート。

表4-9　IIPに対する相対的寄与度（予測誤差の分散分解）④

	e	m	r	p	y
1期後	0.01	0.02	0.83	2.78	96.36
3期後	1.08	0.63	0.91	1.58	95.81
6期後	3.86	1.15	0.79	4.51	89.69
9期後	7.26	4.46	1.56	7.08	79.64
12期後	9.63	8.15	2.47	8.06	71.69
18期後	12.05	13.59	4.04	9.29	61.03
24期後	12.96	17.07	5.03	10.03	54.91

注）数値は％。m、r、p、y、eはそれぞれ、ベースマネー、コールレート、小売物価指数、鉱工業生産指数、対米為替レート。

図4-6 金融政策ショックにお対する累積的反応（インパルス反応）

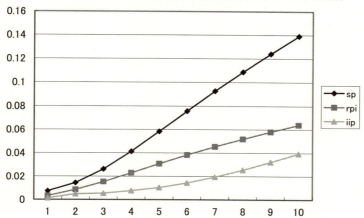

注）各変数への1標準誤差ショックへの累積的反応。第10期後（10ヶ月後）まで。

昇しており、金融政策の効果が見て取れる（図4-6）。

また、小売物価指数（RPI）の予測誤差を分散分解すると、金融政策ショックは小売物価指数（RPI）の変動に対して12ヶ月後には30％弱の影響を与え、そのまま24ヶ月後まで持続している（表4-10）。鉱工業生産指数（IIP）の予測誤差を分散分解すると、金融政策ショックは鉱工業生産指数（IIP）の変動

表4-10 RPIに対する相対的寄与度（予測誤差の分散分解）⑤

	m	r	sp	p	y
1期後	11.64	1.76	14.54	72.04	0.00
3期後	20.15	0.38	16.58	62.81	0.09
6期後	30.26	0.21	10.35	55.83	3.33
9期後	30.76	0.19	7.10	54.57	7.39
12期後	29.96	0.18	5.49	53.97	10.37
18期後	28.88	0.14	3.91	52.34	14.73
24期後	28.19	0.12	3.22	51.32	17.15

注）数値は％。m、r、sp、p、yはそれぞれ、ベースマネー、コールレート、株価指数、小売物価指数、鉱工業生産指数。

表4-11 IIPに対する相対的寄与度（予測誤差の分散分解）⑤

	m	r	sp	p	y
1期後	0.27	4.16	7.21	0.95	87.41
3期後	1.24	5.40	5.69	1.43	86.24
6期後	2.30	7.37	10.60	7.79	71.93
9期後	5.80	8.12	14.43	13.52	58.13
12期後	9.38	8.16	14.11	18.48	49.87
18期後	14.33	6.75	12.03	26.15	40.74
24期後	17.46	5.34	9.98	31.37	35.85

注）数値は%。m、r、sp、p、yはそれぞれ、ベースマネー、コールレート、株価指数、小売物価指数、鉱工業生産指数。

に、12ヶ月後には10％弱の、24ヶ月後には17％強の影響を与えている（表4-11）。これらの結果も、本章の（m、r、p、y、e）5変数モデルでの数値と大きな変化はない。

したがって、以上の追加的な検証結果をまとめると、①4つの追加検証全てにおいて、インパルス反応関数の形状はほぼ（m、r、p、y、e）5変数モデルを再現した。②予測誤差の分散分解については、小売物価指数（RPI）の変動への24ヶ月後における金融政策ショックの影響は3つの追加検証において概ね40％前後であり、ほぼ（m、r、p、y、e）5変数モデルと同様であった[33]。また、鉱工業生産指数（IIP）の変動への24ヶ月後における金融政策ショックの影響は、4つの追加検証全てにおいて概ね17～20％であり、18％弱であった（m、r、p、y、e）5変数モデルと同様であった。

以上の検証から、本章の（m、r、p、y、e）5変数構造VARモデルの推定結果は概ね安定的だと言える。

4．まとめ

本章では、1930年代（1931年12月～1937年7月）の月次データを用いて、

第 4 章　金融政策の効果

　ベースマネー（BM）を金融政策変数とし、コールレート（call）、東京小売物価指数（RPI）、鉱工業生産指数（IIP）、名目対米為替レート（E）の 5 変数の構造 VAR モデルによって、金融政策が物価および生産に与える効果について実証的に分析することを試みた。

　まずインパルス反応関数の結果をみると、ベースマネーが、小売物価指数と鉱工業生産指数にプラスの影響を与えていることが確認できる。また予測誤差の分散分解によると、その物価の変動に対する定量的な影響力はかなり大きい上（1 年後・2 年後ともに30〜40％）、生産の変動についても持続的に一定の影響を与えている（1 年後に 8 〜10％、2 年後には17％強）ことが説明できる[34]。

　さらに名目対米為替レートについてのリカーシブ制約（変数順序）を変えたいくつかのモデル、及び名目対米為替レートの代わりに株価指数（SP）を用いた 5 変数モデルによる追加的検証によっても金融政策の与える効果は概ね安定的であり、本章の 5 変数モデルによる実証結果が支持される結果となった。したがって以上の結果から、1930年代における日本銀行の金融政策は、物価と生産にプラスの影響を与えていた、と結論付けられる。すなわち1930年代の日本銀行は、緩和的な金融政策によって生産に一定程度の持続的な影響を与えていただけでなく、物価変動への影響力も有していたと考えられる。

　ただし、本章の検証にはいくつかの問題点が残されている。まず、本章が検証した当該期日本の経済構造モデルに関して、①金融政策変数がベースマネーであること、②マネー・金利・物価・生産・為替という制約の置き方、の 2 点の前提についてはコンセンサスがある訳ではない。金融政策変数（BM）の選択を含めて変数の順番は恣意的であり、さらにリカーシブでないものも含めた別の制約を置いたモデルを検証することや、こうした制約の存在を実証する史料を用いて議論を補強することが今後さらに必要であろう。また、本章では金融政策自体の効果の有無を検証することに主眼を置いたため、先行研究のいくつかが指摘している財政政策の効果については触れることが出来なかった。これについても、財政政策変数を組み込んだ新たなモデルを検証するなどして、

金融政策と財政政策の定量的な比較などが必要となると思われる。いずれも今後の課題としたい。

図4-7 インパルス反応関数（m-r-p-y-e モデル）

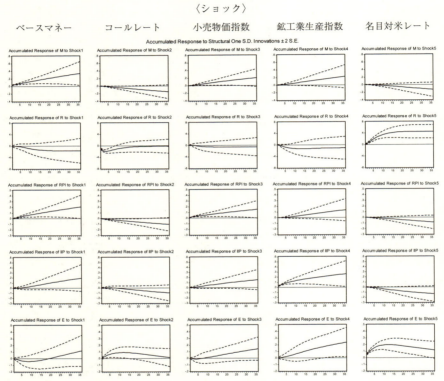

注）各構造ショックの累積的なインパルス反応。各行は上からそれぞれ m-r-p-y-e の反応。図の破線は2標準偏差の区間を示す。

第 4 章 金融政策の効果

図 4-8 インパルス反応関数（m-r-p-y モデル）
〈ショック〉

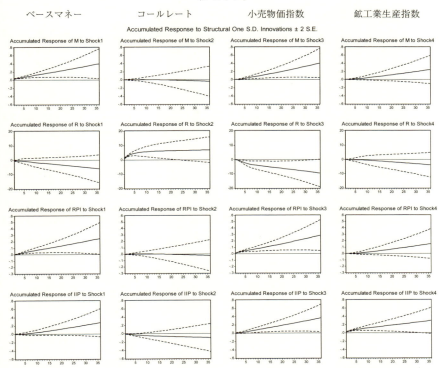

注）各構造ショックの累積的なインパルス反応。各行は上からそれぞれ m-r-p-y の反応。図の破線は 2 標準偏差の区間を示す。

図4-9 インパルス反応関数（m-r-e-p-y モデル）

〈ショック〉

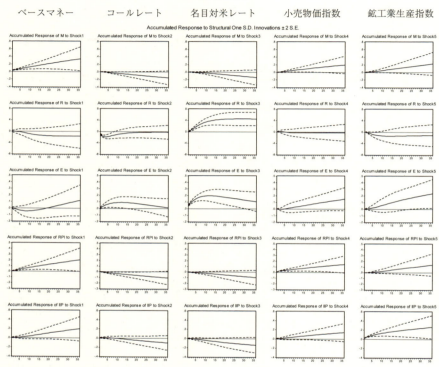

注）各構造ショックの累積的なインパルス反応。各行は上からそれぞれ m-r-e-p-y の反応。図の破線は2標準偏差の区間を示す。

第4章　金融政策の効果

図4-10　インパルス反応関数（e-m-r-p-yモデル）

〈ショック〉

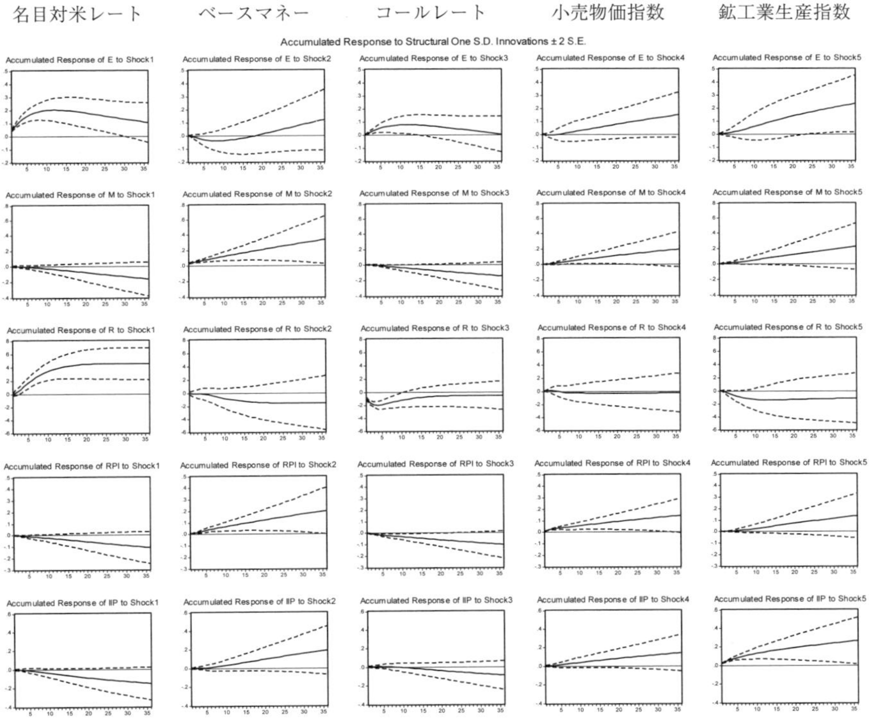

|名目対米レート|ベースマネー|コールレート|小売物価指数|鉱工業生産指数|

注）各構造ショックの累積的なインパルス反応。各行は上からそれぞれ e-m-r-p-y の反応。図の破線は2標準偏差の区間を示す。

図4-11 インパルス反応関数(m-r-sp-p-y モデル)

〈ショック〉

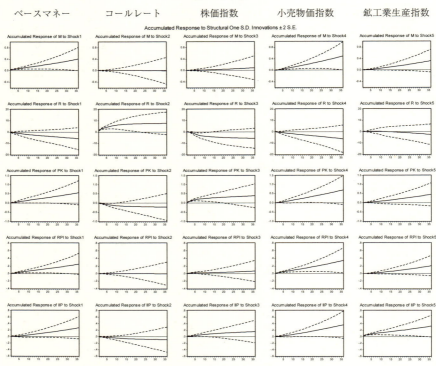

注)各構造ショックの累積的なインパルス反応。各行は上からそれぞれ m-r-sp-p-y の反応。図の破線は2標準偏差の区間を示す。

第 4 章　金融政策の効果

1）「テイラー・ルール」とは、J・B・Taylor が唱えた短期金利（FF レート）予想に関する方程式である。「テイラー・ルール」に関しては、藤木［1998］、77〜78ページを参照。
2）「開放経済におけるトリレンマの問題」とは、一国の通貨体制とマクロ経済の関係においては、①為替レートの安定、②国内経済の安定（金融政策の自律性）、③自由な資本移動、の三者を同時に達成する事はできないという命題である（鎮目［2002］、38ページ）。
3）Cha, Myung Soo 'Did Takahashi Korekiyo Rescue Japan from the Great Depression?', *Journal of Economic History*, vol.63, No.1, 2003
4）中澤・原田［2004］は、1919年〜1940年の年次データを用いた制約なしの VAR 分析も併せておこない、財政政策（実質粗国内固定資本形成）は物価にプラスの影響を与えるが生産にマイナスの影響を与えること、金融政策は物価・生産にプラスの影響を与えること、を指摘している（中澤・原田［2004］、260〜267ページ）。
5）梅田［2006］は金融恐慌ダミー（1927年4・5月を1とするダミー）を、佐藤・中澤・原田［2007］は金融恐慌ダミー（1927年4・5月を1とするダミー）、金本位制離脱ダミー（1931年12月・1932年1月を1とするダミー）、2.26事件ダミー（1936年2・3月を1とするダミー）を加えて分析することで経済変動に対処している。しかし、政策レジーム自体が変化している場合、短期間のダミーのみで処理することには限界があると思われる。
6）政策当局の政策レジームが変わると、経済主体は政策効果を観てその行動を変更してしまい、経済の構造パラメータ自体が変化してしまうとする「ルーカス批判」の問題がある（宮尾［2006］、15ページ他）。
7）ここでいう「妥当な」とは、宮尾に倣い「頑健でかつ経済学的解釈が可能かどうか」という観点からの評価である（宮尾［2006］、40ページ）。
8）照山［2001］、95ページ他。
9）売りオペレーションによる金融調節が開始されたのは1932年以降。ただし、公開市場操作は1916・17年の金融緩慢期、1927年の金融恐慌後における遊資処理においても一時的には用いられている（日本銀行調査局特別調査室［1948］、55ページ）。
10）井手［2001］、197ページ他。
11）当時の横浜正金銀行は、コール市場における最大の資金の取手であっただけでなく、月央の金融緩慢時には増大していた輸出用の外貨買入れ資金をコール市場で調達し、市場が締まるコールを返済するという操作を繰り返していた（日本銀行調査局特別調査室［1948］、120〜121ページ）。
12）本章で使用する各データの出所は以下の通りである。
　①ベースマネー（M）…日本銀行調査局編［1964］・［1978］。日本銀行兌換券発行高と日本銀行一般預金を合算したもの。

②コールレート（R）…日本銀行調査局編［1964］・［1978］。東京日歩・月中最低を年利換算したもの。
　　③東京小売物価指数（RPI）…日本銀行調査局編［1964］・［1978］。
　　④鉱工業生産指数（IIP）…東洋経済新報社［1943］。
　　⑤名目対米為替レート（E）…東京銀行編［1984］。
　　⑥株価指数（SP）…藤野・五十嵐［1973］。
13）照山［2001］、96ページ他。
14）照山［2001］、99ページ他。
15）構造VARモデルについての説明は、細野・杉原・三平［2001］、145～150ページ他に倣った。
16）この制約により、通常のコレスキー（Cholesky）分解が適用可能になる。
17）金融政策の波及にかかる時間を考慮すれば、本モデルにおけるラグ次数をAICなどに従ってより大きくすることも考えられる。しかし、分析期間が限定される本分析では自由度の確保を優先した。また、(m-r-p-y)の4変数モデルについても同様の手続きからラグ次数2を採用した。
18）（図4-2）は、全システムのインパルス反応関数を表した（図4-7）から、金融政策ショックに対する短期（10ヶ月）の累積的反応のみを摘出したものである。より長期の反応（～36カ月）については（図4-7）を参照。
19）したがって、マネー・ショックが金利上昇をもたらす「流動性パズル」は観察されなかった。ただし、金融政策ショックの対米為替レートへの累積的効果は、期を経るにつれて減少している。また同モデルにおけるコールレートの反応については（図4-2）では省略している（図4-7のインパルス反応関数を参照のこと）。
20）（図4-7）（以下図4-8～図4-11）には、漸近分布に基づいて計算された信頼区間が表示されているが、単位根検定から非定常な系列の存在が明らかになっているため、その利用は適切ではない。しかし単位根を持った系列を含むVARの水準データ系列での推計において、あるクラスではどの係数も$\sqrt{T}$をかけた標本誤差が漸近的に正規分布し、通常のt検定及びF検定が漸近的に妥当になることが知られている。したがって、インパルス反応の一つの目安として利用できるように、そのまま図示している（稲葉・小林［2003］）。
21）ただし、コールレートの下降は僅かである。
22）これは1930年代の価格上昇が、負の供給ショック（コスト増）としてでは無く、デフレーション（図4-1参照）の負の影響から脱することによる経済へのプラスのショックだと捉えられることを示していると考えられる（中澤・原田［2004］、273ページ）。
23）為替レートショックへのベースマネーとコールレートの反応は奇異に見えるが、1930年代における為替レートの急激な下落とその放任という事実から考えると、円安に直

第4章　金融政策の効果

面しても日本銀行がさらなる拡張的な金融政策対応をしていることを示していると考えられる。

24) 4変数・5変数モデルともに、金利ショック（金融引締めショック）が物価の下落ではなく物価の上昇をもたらす「物価パズル」などの変則的なインパルス反応は見られなかった。

25) （表4-3）では表されていないが、金融政策ショックの鉱工業生産指数への寄与度は、30ヶ月後に20％を越え、以後48ヶ月後にも22％強の影響を保っている。このことは、金融政策ショックが生産に与える影響が全て現れるまでには2年半程度かかる、ということを意味している。

26) 金融政策ショックが、小売物価指数（RPI）に与える影響が極めて大きく（5変数モデルで1年後42.02％）、同じく価格ショックが鉱工業生産指数（IIP）に与える影響が金融政策ショックと並んで大きい（5変数モデルで1年後9.20％）ことから、「金融政策⇒物価⇒生産」という経路で金融政策ショックが物価を上昇させ、物価の上昇が生産に影響を与えている可能性がある。これは、デフレからの脱却（物価上昇）が生産へのプラスのショックだったとする中澤・原田の主張と整合的である（中澤・原田［2004］、273ページ）。

27) 梅田［2006］他。

28) ここでは、①為替レート変数（e）を除いた（m、r、p、y）の4変数モデル、②為替レート変数（e）が金融変数（ベースマネーmとコールレートr）の次に先決性が高いとする（m、r、e、p、y）の5変数モデル、③為替レート変数（e）が最も先決性が高い（所与である）とする（e、m、r、p、y）の5変数モデル、の3種のモデルを用いる。ただし、いずれのモデルにおいても本章の仮定であるベースマネーがコールレートよりも先決変数であるとする金融政策オペレーションの制度的特徴を維持するものとする。

29) 株価を導入した1990年代の構造VAR分析を参考にした。株価を通じた生産への影響の経路は、①資産効果による消費増、②Tobinのqの上昇による投資増、③企業・銀行のバランス・シート改善による実物投資増、などが考えられる（宮尾［2006］、45〜55ページ他）。

30) なお、（表4-4）からも分かるように、コールレート・ショックの小売物価指数（RPI）に与える影響はネグリジブルであった。

31) （図4-2）と同様に、（図4-3）、（図4-4）、（図4-5）、（図4-6）は、全システムのインパルス反応関数を表した（図4-8）、（図4-9）、（図4-10）、（図4-11）から、金融政策ショックに対する短期（10ヶ月）の累積的反応のみを摘出したものである。より長期の反応（〜36カ月）については（図4-8）〜（図4-11）を参照。

32) したがってここでも、マネー・ショックが金利上昇をもたらす「流動性パズル」は観察されなかった。また（m、r、p、y、e）の5変数モデル同様に、金融政策ショック

の対米為替レートへの累積的効果は、期を経るにつれて減少している。それぞれの変数モデルにおけるコールレートの反応については、（図4-8）〜（図4-11）のインパルス反応関数を参照のこと。

33) ただし（m、r、sp、p、y）5変数モデルにおいてのみ、小売物価指数（RPI）の変動への24ヶ月後における金融政策ショックの影響は30％弱となっている。

34) このことは、1926年〜1936年のデータを用いた佐藤・中澤・原田［2007］の制約なしのVARモデルの分析結果とも整合的である。ただし佐藤・中澤・原田［2007］は、金融政策変数としてコールレートと広義マネー・サプライ（M2）を用い、コレスキー分解にあたってはコールレートを先決変数とする変数順序を用いている（佐藤・中澤・原田［2007］、13〜18ページ）。

第5章　金融政策と財政の持続性
―マネー残高とインフレ率の長期関係―

1．はじめに

(1)本章の目的

　本章の目的は、1930年代の日本における財政の持続可能性について、当該期の時系列データを利用して定量的に検証することである。より具体的には、1930年代の日本の財政システムがシニョレッジ収入にある程度依拠していたことを前提とした上で、通貨発行残高とインフレ指標を用いた単位根検定・共和分検定及び VECM（Vector Error Correction Model：誤差修正モデル）推計をおこなうことにより、両系列間に安定した長期関係が存在したか否かを検証し、当該期の財政金融システムが持続可能性を有していたかを実証する。

　本章の構成は以下の通りである。まず第1節では、本章が対象とする1930年代の日本の財政システムとシニョレッジの関連について先行研究を概観する。第2節では、シニョレッジと高インフレーション発生についての理論的背景をまとめる。第3節では、分析に使用するデータについて説明した上で、第2節に基いた分析の枠組みを概説する。第4節では、第3節の枠組みに従って実証分析をおこなう。第5節では実証分析の結果をまとめ、結論を導く。

(2)1930年代日本財政とシニョレッジ

　1930年1月、浜口雄幸民政党内閣の井上準之助蔵相は、金解禁を断行した。この金解禁下の経済政策は、緊縮財政と消費節約による貿易収支改善を目的とするもので、いわゆる「井上財政」と呼ばれる。しかし、この「井上財政」は、

1929年からの世界大恐慌のさなかに行われたということもあって、急速な金正貨流出を招き、激しいデフレーションを招いた。

1931年12月に発足した犬養毅政友会内閣の高橋是清蔵相は、就任直後から若槻礼次郎民政党内閣が堅持していた「井上財政」の諸政策に変更を加えていった。この高橋蔵相が採用したデフレ克服と経済浮揚を目指した諸経済政策がいわゆる「高橋財政」[1]であり、1936年の2.26事件で高橋が暗殺されるまでのこの時期のことを一般的に「高橋財政期」と呼ぶ[2]。

この高橋財政期（1931～1936年）における主要な経済政策は、財政拡張（軍需産業・時局匡救事業への公共支出）、金融緩和（低金利政策）、為替低位放任、資本移動規制などに大別されるが、特に金融政策としては、①金輸出再禁止（1931年12月）、②日本銀行券兌換停止（1931年12月）、③公定歩合引下げ（1932年3月、5月、8月に2厘づつの引下げ）、④国債担保貸出基準の緩和（1932年4月）、⑤日本銀行券の保証準備発行限度の引上げ（1932年5月、1億2000万円→10億円への拡張）、⑥日本銀行による大蔵省証券引受（1932年9月・10月）、⑦日本銀行による新規発行国債引受（1932年11月）、などが挙げられる。

1930年代の財政システムの持続性をシニョレッジ（seigniorage）から考察するという本章の視角からは、特に財政拡張とのパッケージで⑤、⑥、⑦の政策が採られたことが重要である。なぜなら、日本政府が国債を発行して軍需産業や時局匡救事業への公共支出をし、その新規発行国債を日本銀行が直接引受けるという財政金融スキームは、まさに中央銀行の政府向け債権の増加と貨幣発行のリンクであり、シニョレッジ収入に相当すると考えられるからである（シニョレッジの定義については後述）。ただし、日本銀行は公開市場操作（売りオペレーション）によって、高橋財政期を通じて引受けた国債の約91％を市中銀行に売却している（表5-1）。

(3) 先行研究

1930年代の日本財政の持続性について記述的・叙述的に考察する先行研究は数多い。大別すると、高橋財政のベースマネー拡大の順当性や、高橋財政後期

第5章　金融政策と財政の持続性

表5-1　長期国債の日本銀行引受・対市中売却実績

	日銀引受(A)	市中売却(B)	B/A(%)
1932年　11～12月	200,000	16,300	8.2
1933年　1～6月	515,000	462,200	89.7
1933年　7～12月	600,000	326,400	54.4
1934年　1～6月	251,358	602,600	239.7
1934年　7～12月	450,000	297,800	66.2
1935年　1～6月	228,000	351,700	154.3
1935年　7～12月	522,657	303,100	58.0
1936年　1～6月	1,150,836	505,000	43.9
1936年　7～12月	430,000	180,700	42.0
1932～1936年計	2,567,015	2,343,800	91.3

注）単位は1000円。日本銀行『日本銀行百年史』第4巻より作成。

における緊縮財政を評価して持続性の可能性をみる中村［1971］、若田部［2003］、安達［2006］らと、高橋財政初期から戦後期までを連続したものと捉え、高橋財政の財政システム自体に持続性を不可能にさせる要因が内在していたとする吉野［1962］・［2001］、島［1983］らの見解がある。しかし、数量データに基づいて定量的にその可能性を検証したものは、「1930年代を含む期間」の研究を含めてもあまりない。

まず、浅子・福田・照山・常木・久保・塚本・上野・午来［1993］は、いわゆる R.Baro の「課税平準化の理論（Tax-smoothing）」をもとに、明治期から戦前期までの日本の国債残高が統計的に発散しているか否かと、政府の歳入と歳出の間に長期的均衡関係があるか否かについて共和分検定などを用いて検証し、1885～1936年と1885～1944年の2種のサンプル期間において財政赤字の維持可能性はなかったとしている[3]。

次に、鎮目［2009］は、戦前期日本においては資本市場の不完全性などから「公債の中立命題が成立する前提条件が成立していたとはいえない」ことを前提とし[4]、基礎的財政収支や政府債務残高（いずれも対 GDP 比）などの政府の財政運営スタンスから当該国の財政の維持可能性を検証する Bohn 検定と、

構造変化を検出する逐次Chow検定を用いて、1886～1943年の財政の維持可能性を検証している。そして検証の結果、1932年以降に日本の財政が維持可能でなくなったと結論付けている[5]。

これらの定量的な先行研究では、財政の維持可能性という問題に対して政府の歳入と歳出（および政府債務）からアプローチし、いずれも1880年代～1940年代までの年次データを用いている。本章のように1930年代に限定して日本のシニョレッジに着目し、当該期の日本財政の持続可能性について月次データを用いて定量的に検証した先行研究は管見の限りない。

2．シニョレッジ

(1) シニョレッジとは[6]

シニョレッジとは、中央銀行（または政府・通貨当局）が貨幣発行によって民間部門（家計・企業）から得る利益のことで、貨幣（または通貨）発行益ともいわれる。したがって、貨幣残高を（M）、物価水準を（P）とすると、シニョレッジ（S）は、

$$\begin{aligned}
S &= \frac{\Delta M}{P} = \frac{\Delta M}{M} \cdot \frac{M}{P} \\
&= \frac{M}{P} - \frac{M_{-1}}{P_{-1}} + \frac{M_{-1}}{P_{-1}} - \frac{M_{-1}}{P} \\
&= \frac{M}{P} - \frac{M_{-1}}{P_{-1}} + \frac{M_{-1}}{P_{-1}} - \frac{M_{-1}}{P_{-1}} \cdot \frac{P_{-1}}{P} \\
&= \frac{M}{P} + \frac{M_{-1}}{P_{-1}}\left(1 - \frac{P_{-1}}{P}\right)
\end{aligned} \tag{5.1}$$

と表される（-1は一期前）[7]。これを変形し、実質貨幣残高（$m = M/P$）、インフレ率（$\pi = \Delta P/P$）とすると、

第5章 金融政策と財政の持続性

$$S = \Delta m + \pi \cdot m \tag{5.2}$$

となる。すなわち、シニョレッジ収入は、実質貨幣残高の増分（Δm）とインフレ税（$\pi \cdot m$）に分解可能である。(5.2)式より、シニョレッジ＝インフレ税となるのは、$\Delta m = 0$ のケースのみである。

シニョレッジによる収入は徴税コストがほぼ不要だが、政府に無限の収入があるわけではない。簡略化のため、$\Delta m = 0$ と仮定（すなわちシニョレッジ＝インフレ税）して考えると、(5.2)式よりシニョレッジ収入は、

$$S = \pi \cdot m \tag{5.3}$$

となる。またこのとき、家計の実質貨幣需要 m^d、実質貨幣需要のインフレ半弾力性（semi- elasticity）を $\alpha(\alpha \geq 0)$、は期待インフレ率 π^E とする Cagan 型の貨幣需要関数を考えると[8]、

$$m^d = \exp(-\alpha \cdot \pi^E) \tag{5.4}$$

になる（ただし、合理的期待形成を想定して $\pi^E = \pi$）。この(5.4)式は、インフレ率が高くなるに連れて、実質貨幣需要が低下するという関係を示している。このときシニョレッジ収入は、(5.3)・(5.4)の両式より、

$$S = \pi \cdot \exp(-\alpha \cdot \pi) \tag{5.5}$$

のようにインフレの関数として表される。(5.5)式より、名目貨幣残高の増加（インフレ税の税率上昇：$\Delta M/M = \pi$）はシニョレッジ収入の増加効果とともに、インフレを通じた実質貨幣需要の低下により、シニョレッジ収入の減少効果ももつことがわかる。この関係はいわゆるラッファー・カーブ（Laffer curve）で表すことができる（図5-1）。ラッファー・カーブの頂点より左側

図5-1 ラッファー・カーブ

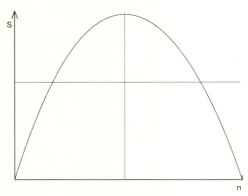

(出所) ローマ (2010) などより筆者作成

ではシニョレッジ収入の増加効果が減少効果を上回り（低インフレの効率的な均衡）、右側では後者が前者を上回る（高インフレの非効率な均衡）。また、政府のシニョレッジ収入は、インフレ率 $\pi = 1/\alpha$ のときに最大となる（ラッファー・カーブの頂点）。すなわち、政府による持続的なシニョレッジ収入の確保はインフレ半弾力性 α の大きさに依存することになる。

　途上国を中心とした各国のシニョレッジとその持続性については、近年多くの研究蓄積がある[9]。本節で示したような理論的枠組みと、これらの先行研究の結論から、シニョレッジ収入に依存する高インフレ国（すなわち、インフレが加速していく国）には以下のような特徴があるとされる[10]。①実質貨幣残高や物価水準の階差であるインフレ率（および貨幣需要関数推計の場合は実質GDP）が非定常過程の I(1) 変数である。②貨幣とインフレの間に共和分関係が確認される。③ VECM (Vector Error Correction Model) によって長期の実質貨幣需要のインフレ半弾力値が推計される。

　したがって、本章ではこうした先行研究の検証に倣い、まず実質貨幣残高とインフレ率の単位根検定をおこなう。ここで両系列が I(1) 変数であった場合、次に２系列間の共和分検定をおこなう。そして、両系列間に共和分ベクトルが

第5章　金融政策と財政の持続性

存在した場合、両系列間に長期的安定関係が存在するので、VECMの推計をおこないインフレ半弾力性のパラメータを推計・評価する。

3．分析のフレームワーク

(1) データ系列[11]

　前節でみたように、本章では1930年代の日本のシニョレッジ収入増が戦後のハイパー・インフレーションへと繋がっていたか否かを検証するために、1930年代の実質貨幣残高とインフレ率の長期安定的関係の有無を分析する。したがって、まず実質貨幣残高として、①実質ベースマネー（BM/P）、②実質現金通貨残高（CASH/P）の2系列を用いる。このとき前者は、原データである現金通貨残高（CASH）、と日本銀行一般預金残高（RESERVE）の2系列を合計したものを、後者はCASH自体を、後述する卸売物価指数（WPI）により実質化したものである。また、分析にあたってはそれぞれ自然対数に変換して使用した。

　次にインフレ率として、1930年代の月次データが得られる物価水準データを加工して用いる。このデータの原系列は、卸売物価指数（WPI）である。インフレ率とは物価水準の変化率であるので、分析にあたっては原系列の前年同月比であるWPI(t)を用いる。なお、いずれの系列もX-12-ARIMAで季節調整をおこなっており、サンプル期間が1931年8月～1937年7月までの月次データである[12]。

(2) 単位根検定

　本章では、まずADF検定（Augmented Dickey-Fuller test）およびPP検定（Phillips-Perron test）によって、検証に用いる各系列（実質ベースマネー残高（BM/P）、実質現金通貨残高（CASH/P）、卸売物価指数（WPI(t)））の定常・非定常性について検証する[13]。ここでいう時系列における定常性とは、データの平均と分散および自己共分散が近似的に時間差のみによって定まるこ

とである。また、ADF検定・PP検定は、「検定対象の時系列が単位根を持つ（非定常過程である）」という帰無仮説を立て、それが棄却されたとき「検定対象の時系列が定常過程である」という対立仮説が採択される仮説検定である[14]。

　検証に用いる各系列（BM/P、CASH/P、WPI(t)）がレベル系列で単位根を持たない定常過程（I(0)変数）であると判定された場合、各変数は共和分関係を持たないことになり、その時点で変数間に長期的安定関係が存在しないことになる。

(3)共和分検定

　単位根検定によって、各系列（BM/P、CASH/P、WPI(t)）がレベル系列では単位根を持ち（非定常過程）、一回階差系列では単位根を持たない（定常過程）ようなI(1)変数だと判定されたとき、両変数間の長期的関係を調べるために共和分検定を用いることが可能になる。両変数が共和分関係にあるとき、両変数間に長期均衡関係があるといえる。本章では、場合によっては後述するVECM（Vector Error Correction Model：ベクトル誤差修正モデル）を推計するために、共和分検定にはヨハンセン検定（Johansen cointegration test）を用いる。

　ヨハンセン検定とは、単位根を含むVAR（Vector Auto-Regression：ベクトル自己回帰）またはVECMの最尤推定法で、ランクや固有値という行列の手法を用いた推定手続きの中に共和分の階数を求める検定法を含んでいる[15]。このヨハンセン検定では、最大固有値検定及びトレース検定によって、共和分ベクトルが最大0本という帰無仮説（対立仮説はそれぞれ共和分が1個、1個以上）を立て、それが棄却できるか否かで共和分の有無を検定する。本章で定式化されるモデルは、

$$\Delta BM/P_t = \alpha + \beta \Delta WPI(t)_t + u_t \tag{5.6}$$

$$\Delta CASH/P_t = \gamma + \delta \Delta WPI(t)_t + \varepsilon_t \tag{5.7}$$

第 5 章　金融政策と財政の持続性

の 2 本である（u_t と ε_t は撹乱項）。

(4) VECM（Vector Error Correction Model：誤差修正モデル）

　前節で、ヨハンセン検定によって実質貨幣残高指標（BM/P、CASH/P）とインフレ率（WPI(t)）の間に共和分関係があることが示されたとき、1930年代の日本のインフレーションが長期的に加速していくと考えられることを見た。しかし、仮に（5.6）・（5.7）式の関係に共和分が検出されても、実質貨幣残高指標（BM/P、CASH/P）とインフレ率（WPI(t)）の関係は短期的な諸々のショックによって長期的関係から乖離しうる。

　そこで、ヨハンセン検定で共和分ベクトル（Cointegrating Vector）の存在が確認されたとき、VECMによって、両変数間の短期的な関係を推計し、貨幣需要のインフレーション半弾力性を推計・評価する。VECMとは、前項のヨハンセン検定で得られた共和分ベクトルを用いて、長期的関係からの乖離（誤差修正項）をVARモデルの説明変数に含めたもので、その係数の符号条件と有意性から、短期的な乖離が生じた際の翌期以降に再び長期的関係へと戻ろうとする力をみるものである。つまり、通常のECM（Error Correction Model）と同様に[16]、推定結果における誤差修正項の係数が有意に負であれば、翌期以降には再び長期的均衡へと戻る動きがあることになるわけである。

4．実証分析

(1) 単位根検定

　各変数に対するADF検定・PP検定による単位根検定の結果は、（表5-2）と（表5-3）の通りである。（表5-2）・（表5-3）では、BM/P、CASH/P、WPI(t)の3変数についてのレベル及び一回階差系列について、それぞれトレンド項と定数項を含むケース、定数項のみ含むケースの検定結果を記載している。

　まず、BM/PについてのADF検定の結果をみると、レベルの系列において

表5-2 ADF 検定（Augmented Dickey-Fuller test）

変数	ドリフト項	ラグ	トレンド+ドリフト項	ラグ	判定
ln(BM/P)	-3.38*	1	-3.51**	1	I(0)
Δln(BM/P)	-6.04***	0	-5.98***	0	
ln(CASH/P)	-2.76*	1	-3.06	1	I(1)
Δln(CASH/P)	-6.63***	0	-6.57***	0	
WPI(t)	-3.07*	1	-2.86	1	I(1)
ΔWPI(t)	-4.82***	0	-5.65***	1	

注）*** は1％水準、** は5％水準、* は10％水準で単位根が存在するという帰無仮説が棄却されることを示す。またADF検定のラグ次数は、AIC基準（最大ラグ数12）で選択した。

表5-3 PP 検定（Phillips-Perron test）

変数	ドリフト項	バンド	トレンド+ドリフト項	バンド	判定
ln(BM/P)	-2.46	3	-2.72	2	I(1)
Δln(BM/P)	-5.75***	8	-5.67***	8	
ln(CASH/P)	-2.13	1	-2.25	1	I(1)
Δ(CASH/P)	-6.57***	2	-6.50***	2	
WPI(t)	-1.80	1	-1.59	10	I(1)
ΔWPI(t)	-4.61***	10	-4.98***	10	

注）*** は1％水準、** は5％水準、* は10％水準で単位根が存在するという帰無仮説が棄却されることを示す。またPP検定のラグ次数はNewey-West基準（最大10）で選択した。

トレンド項の有無に拘わらずそれぞれ10％・5％の水準で帰無仮説が棄却され単位根をもたず、一回階差系列でもいずれも1％の水準で帰無仮説が棄却され定常となるI(0)変数であることが示された。しかし、一方PP検定においては、BM/Pはレベルの系列においてはトレンド項の有無に拘わらず単位根を持つという帰無仮説が棄却されず、一回階差系列ではいずれも1％の水準で帰無仮説が棄却され定常であるという検定結果が示された。つまり、2種類の単位根検定による判定がそれぞれ異なることとなったが、ここでは単位根検定の検出力の弱さ等を勘案して、一定の留保付きながらBM/PをI(1)変数だと判断する。

次にCASH/Pのレベル系列について見てみると、ADF検定・PP検定とも

にトレンド付きドリフト項のケースでは帰無仮説が棄却されなかったが、ADF検定についてはドリフト項のみのケースでは10％の有意水準ではあるものの帰無仮説が棄却され定常過程とされた。ただし一回階差系列についての検定結果をみると、いずれも１％の有意水準で帰無仮説が棄却され定常過程であることが示された。したがって、CASH/PをI(1)変数だと判定する。

また、WPI(t)についても、レベル系列ではADF検定・PP検定ともにトレンド付きドリフト項のケースではいずれも帰無仮説が棄却されず非定常過程であったが、ADF検定についてはドリフト項のみのケースで10％の有意水準で帰無仮説が棄却され定常となった。しかしここでも、２種類の検定ともに一回階差系列ではいずれも１％の有意水準で帰無仮説が棄却され定常となったため、WPI(t)をI(1)変数だと判定する。

以上の単位根検定の結果より、以下ではBM/P、CASH/P、WPI(t)の３変数がI(1)変数であるとして検証をすすめる。

(2)共和分検定

ヨハンセン検定の検定結果は（表５-４）、（表５-５）の通りである[17]。

まず（表５-４）が示すように、BM/P、WPI(t)の関係では、まずトレース

表５-４　共和分検定（Johansen Cointegration テスト）

(BM/P、WPI)トレース検定

共和分の数(帰無)	固有値	統計量	10％有意	5％有意
0	0.193821	16.7845	17.9803	20.2618
1	0.075975	4.5039	7.5567	9.1645

最大固有値検定

共和分の数(帰無)	固有値	統計量	10％有意	5％有意
0	0.193821	12.2806	13.9059	15.8921
1	0.075975	4.5039	7.5567	9.1645

注）＊＊＊は１％水準、＊＊は５％水準で有意に棄却されることを示す。またVARのラグ次数１はAICで選択。共和分ベクトルとVARに定数項を含む。

表5-5 共和分検定（Johansen Cointegration テスト）

（CASH/P、WPI）トレース検定

共和分の数(帰無)	固有値	統計量	10％有意	5％有意
0	0.176875	14.6967	17.9804	20.2618
1	0.061234	3.6018	7.5567	9.1646

最大固有値検定

共和分の数(帰無)	固有値	統計量	10％有意	5％有意
0	0.176875	11.0949	13.9059	15.8921
1	0.061234	3.6018	7.5567	9.1646

注) *** は 1 ％水準、** は 5 ％水準で有意に棄却されることを示す。また VAR のラグ次数 1 は AIC で選択。共和分ベクトルと VAR に定数項を含む。

検定において得られた統計量16.78が、5 ％有意水準（20.26）はもちろん、10％有意水準（17.98）も満たさなかったため、「共和分の個数が 0 個である」という帰無仮説は棄却されなかった（対立仮説は「共和分の個数がそれ以外」）。また最大固有値検定においても、統計量12.28が10％有意水準（13.91）未満となり、「共和分の個数が 0 個である」という帰無仮説は棄却されなかった（対立仮説は「共和分の個数が最低 1 個以上」）。したがって、BM/P、WPI(t)の間には共和分ベクトルは存在しないことが明示された。

次に（表 5 - 5 ）が示すように、CASH/P、WPI(t)の関係では、まずトレース検定において得られた統計量14.70が、10％有意水準（17.98）を満たさなかったため、「共和分の個数が 0 個である」という帰無仮説は棄却されなかった。同様に最大固有値検定においても、統計量11.09が10％有意水準（13.91）未満となり、「共和分の個数が 0 個である」という帰無仮説は棄却されなかった。よって、CASH/P、WPI(t)の間にも共和分ベクトルが存在しないことが明らかになった。

以上のヨハンセン検定より、実質ベースマネー（BM/P）と実質現金通貨残高（CASH/P）を用いた実質貨幣残高指標と、卸売物価指数変化率（WPI(t)）を用いたインフレ率の間に、全てのケースで共和分関係が存在しないことが実

証された。

　すなわち、実質貨幣残高とインフレ率の間に長期均衡関係が無かったことから、1930年代日本においては、財政がシニョレッジを追求する構造にありながら、インフレーションが加速していく可能性が已然として無かったことが明らかになった。

5．まとめ

(1)結論

　本章では、1930年代の日本において財政の持続性があったか否かについて、シニョレッジの観点から検証するため、実質ベースマネー（BM/P）、実質現金通貨残高（CASH/P）、インフレ率（WPI(t)）の3変数を用いて単位根検定・共和分検定をおこなった。

　まず、ADF検定による単位根検定の結果からは、BM/P、CASH/Pについては、一部の検定で、レベル系列では単位根をもつという帰無仮説が棄却されたものの、PP検定におけるドリフト項のみのケースとトレンド付きのケース全ての総合的な判定から、BM/P、CASH/Pの2変数はI(1)変数であることが示された。また、WPI(t)は全ての検定でレベル系列では非定常過程、一回階差系列では定常過程であったため、検定した3変数が、全てI(1)変数だと判定された。

　以上の単位根検定を前提として、実質貨幣残高系列（実質ベースマネー（BM/P）、実質現金通貨残高（CASH/P））とインフレ率（WPI(t)）との間の長期均衡関係を検証する2つの式に関する共和分検定（ヨハンセン検定）をおこなった。その結果、最大固有値検定・トレース検定のいずれにおいても「共和分の個数が0個」という帰無仮説が棄却されず、共和分ベクトルが存在しないことが解った（したがって共和分ベクトルが存在しないため、VECMは推計しなかった）。

　以上の検定結果から、実質貨幣残高系列（実質ベースマネー（BM/P）、実

質現金通貨残高(CASH/P))とインフレ率(WPI(t))との間に共和分関係が存在しないことが検証された。すなわち、1930年代日本においては、政府のシニョレッジ追求傾向にもかかわらず、インフレーションは加速していないことが実証された。

(2)まとめと課題

　本章の実証分析によって、1930年代の日本の財政がいまだ持続可能性を保持していたことが定量的に明らかになった。この分析結果は、1930年代のいわゆる「高橋財政」期の財政金融政策が、戦後のハイパー・インフレーションに直接の要因となっていた訳ではないことを示唆している。すなわち1930年代の金融緩和政策(金本位制離脱、日本銀行の新規発行国債引受)によるシニョレッジの拡大は、1920年代以来のデフレ克服に成功した後も、経済成長に伴う実質貨幣残高の増大の範囲内に収められていたと考えられる[18]。なぜなら第2節でみたように、シニョレッジの拡大自体が必ずしもインフレの要因となるのではなく、貨幣供給が貨幣需要を超過している場合のみインフレが進行するといえるからである。こうした検証結果は、中村[1971]、若田部[2003]らの記述的な先行研究とは概ね整合的であるといえるが、吉野[1962他]や島[1983]年らの記述的研究はもとより、年次の財政データを用いて財政の持続性を検証した鎮目[2009]らの見解とは異なるものとなった。

　最後に、本章にはいくつかの限界がある。まず本章の検証結果は、実質貨幣残高系列とインフレ率との間に共和分関係が存在しないことを明示したのみで、当該期のシニョレッジの実測値やその内訳(インフレ税と経済成長…(2)式)を計測していない。対GDP比率や1930年代における他国との比較なども含めて、より立入った推計・分析が必要であろう。また、同様に本章の検証では、実質貨幣残高系列とインフレ率との間に共和分関係が存在しないことの背後にある要因には、全く触れられていない。1930年代日本において、ある程度のシニョレッジ収入が想定される中でインフレ進行が抑えられていた理由としては、経済成長に伴う実質貨幣残高の増大だけではなく、①高橋財政期の「資本逃避

第5章　金融政策と財政の持続性

防止法」や「外国為替管理法」によって外貨の流動性が著しく低下し、国内貨幣（円）と外貨などの資産の代替性が失われていたこと（＝国内貨幣需要を下支えした可能性）。②1930年代は（現代と比して）金融部門が未発達で、現金通貨と代替的な預金通貨が家計のニーズに十分に応えて供給されていたとは言い難いため現金通貨への需要が大きかったこと、などが考えられる。こうした検証結果の背後にある要因についても、より慎重に分析する必要がある。以上の点については、今後の検討課題としたい。

1) 本節の、いわゆる「高橋財政期」の経済政策の具体的な展開については、安達［2006］、第8章・石井編［2001］、第3章・三和［2003］、9・10章などを参照した。
2) ただし、この間5ヶ月間は藤井真信大蔵大臣の期間があるが、本章では便宜上この間を含めて高橋財政期とする。
3) 浅子・福田・照山・常木・久保・塚本・上野・午来［1993］、27-40ページ。
4) 鎮目［2009］、158ページ。
5) 鎮目［2009］、170ページ。
6) この節のシニョレッジの理論的背景については、主に久保［2007］、4-8ページとローマー［2010］、第9章に拠った。
7) 国宗［2008］、209ページ他。
8) Cagan［1956］。
9) 例えば、永野［2002］は、1960〜2000年の年次データを用いて、東アジア・南アジア10ヶ国の①ベースマネーとインフレ、②ベースマネーと税収増大効果、③インフレと税収増大効果のそれぞれの間の共和分検定をおこない、各国のシニョレッジ収益の安定性を検証している。特に①については、インドと韓国が長期的安定関係を有しており、今後シニョレッジとインフレの関係について要注意だと結論付けている。また久保［2007］は、1990〜2004年と1990〜1997年の四半期データを用いて、ミャンマーのシニョレッジを検証している。その結果、インフレ率などの通貨保有の機会費用を示す変数が全てI(0)変数であり、実質貨幣需要と共和分関係にないことから、ミャンマーでインフレが加速しないという事実を跡づけている。そして国宗［2008］は、1953〜2006年の年次データを用いて、170ヶ国のシニョレッジをインフレ税と経済成長に伴う部分に分けて推計している。その結果、通貨発行益の高い国が必ずしもインフレ率の高い国とはいえないことを明らかにしている。
10) 久保［2007］、8ページ。

11) 本章で使用する各データの出所は、卸売物価指数（WPI）、現金通貨（CASH）、日本銀行一般預金（RESERVE）のいずれも藤野・五十嵐［1973］である。なお、藤野・五十嵐［1973］によれば、卸売物価指数（WPI）は1900年10月基準日銀卸売物価指数、日本銀行一般預金残高のデータは『銀行局年報』によるものである。
12) 本章の分析期間を1931年8月～1937年7月としたのは、前者がイギリスの金本位制離脱と、満州事変が勃発した1931年9月の前月であり、後者は盧溝橋事件勃発月（日中戦争の開始）であるためである。
13) 非定常系列には、単位根系列と発散系列があるが、経済変数としては発散系列は考えにくいため、ここでは定常性の検定として単位根検定をおこなう。
14) 単位根の概念、及びADF検定・PP検定などの単位根検定については、蓑谷［2003］、376-429ページ、松浦・マッケンジー［2001］、229-261ページ等を参照のこと。
15) ランクとは、行列を行ベクトルに分けたとき、一次独立なベクトルの最大個数のこと（山澤［2004］、254ページ他）。
16) ECM（誤差修正モデル）については、坂野・黒田・鈴木・蓑谷［2004］、63～71ページ他を参照のこと。
17) 本章では、検定結果の頑健性を高めるためにヨハンセン検定に加えてEG検定（Engle-Granger test, ADF test for Cointegration）による共和分検定もおこなった。EG検定では、両変数系列がI(1)変数であるとき、両者の線型結合もI(1)変数になることが多いが、その線型関係が階差をとらずに定常であるI(0)変数になる場合を検定する。検定の結果、ヨハンセン検定同様に両系列間に共和分ベクトルはみられなかった。
18) 実質貨幣算高の増分は、(2)式の右辺第1項になる。

第6章　為替レートと貿易
―― 為替変動と輸出入の定量的分析 ――

1. はじめに

(1) 本章の目的

　本章の目的は、1930年代の日本の為替レート政策が当該期の貿易にどの様な影響を与えたかについて、時系列データを用いて定量的に検証することである。より具体的には、1930年代における為替レート（円－ドル・レートと円－ポンド・レート）と輸出額・輸入額を用いた4変数および5変数VAR（Vector Auto-Regression）モデルを構築し、当該期の為替レートの変動と輸出入額の変動の関係を検証する。

　本章の構成は以下の通りである。まず、第1節では、本章の問題意識についてまとめた上で先行研究について概観する。第2節では使用するデータとその処理について説明した後、VARモデルによる実証分析のフレームワークを概説する。第3節では、前節のフレームワークにしたがって実証分析をおこなう。第4節では、サンプル期間内の構造変化の可能性を確認するため、追加的な検証をおこなう。最後に第5節で、前節までに得られた検証結果と今後の課題についてまとめる。

(2) 1930年代の為替レート政策

　1930年代のいわゆる高橋財政期において、日本は1920年代末から続いていたデフレと不況から世界に先がけて回復した。その際の政策パッケージとしては、①財政拡張、②低金利政策、③為替低位放任、④資本移動規制などが挙げられ、

それぞれが相互に関係しあっているが、特に③の低為替レート政策は輸出促進の効果を通じて景気回復を主導したとされている[1]。

こうした1930年代の為替レート政策の成功について検証することは、その成功自体の是非や、為替レート変動が貿易に与えるいわゆる「支出スイッチ効果」の有無も含めて、現代日本にとっても極めて重要な意味をもつと考えられる。なぜなら低為替レート政策は、多額の財政赤字やゼロ金利政策によって政策手段が制限されている現代の日本経済において、需要創出効果が期待される数少ない政策オプションであり、過去の政策経験が貴重な知見を提供することになり得るからである[2]。

(3)先行研究

1930年代の日本の為替レート政策についての叙述的な先行研究は数多いが[3]、計量的・定量的に当該期の為替レート変動や輸出入を扱った研究はあまり多くない。そこで、ここでは戦間期の日本経済についておこなわれた先行研究のうち、為替レートや輸出入の時系列データを用いてなされた定量的な実証分析について簡単にまとめる。

まず高木［1989］は、日本、米国、英国の為替レート調整後のWPIについての1919～1937年の月次データを使用して、相関係数の計測及びグランジャー因果性検定をおこない、名目為替レートと海外物価が日本の物価についての説明力があったことを明らかにした。これを踏まえた吉川・塩路［1990］は、戦前期の月次データによってWPIの決定関数をOLSで推計し、輸出の変動が国内在庫の変動を通じて物価の変動に繋がるメカニズムがあったとした。次に畑瀬［2002］は、1912～1937年の年次データを使用して、当該期の輸出を米国、インド、朝鮮の3地域向けに分け、実質輸出を被説明変数、実質為替レートと相手地域の実質GDPを説明変数とする仕向け地別輸出関数の推計によって、為替変動が輸出の仕向け地別でどのような影響を与えたかについて計測し、1931年以降の為替下落はインド向け輸出の増加に寄与したが、米国向け輸出への寄与は小さかったとしている。また鎮目［2009］は、1920年代～1930年代の

国債流通価格のデータから長期金利を導出したうえで、これを用いた誤差修正モデルなどによる日本と海外の金利の連動性を検証することで、両戦間期における日本の金融政策は自律的な運営をおこなっておらず英国金融政策に追随していたこと、為替レート政策の実態としては変動為替レート制への移行ではなく固定為替レート制の下での1回限りの為替レート切り下げの実施に近いことなどを論証している。

　本章で扱うVARモデルを用いたものとしては、既に第1章から第5章で挙げているいくつかの先行研究がある。まずCha［2003］は、1930年～36年の月次データを使用して、世界生産、輸出数量、実質財政赤字、マネタリーベース、生産指数、実質賃金の6変数VARを構築し、当該期の生産指数に影響を与えた一因として世界生産があったことを計測している。また梅田［2006］は、1930年代前半の日本のデフレ脱却の背景を検証するために、1926年～1936年の月次データを用いて、海外物価要因、名目実効為替レート、財政変数、金融変数、需給ギャップ、国内物価から構築される6変数VARにより、海外物価要因と為替レートが当該期の物価に対して相対的に強い影響を与えていたことを実証している。

　こうした先行研究では、当該期の生産（Cha［2003］）や物価（高木［1989］、梅田［2006］など）に影響を与えた変数としての為替レートについてや、海外との連動を含めた為替相場制度と政策枠組み（鎮目［2009］）にその分析目的が置かれている。そこで本章では、これまで定量的な分析がなされていなかった1930年代の日本の名目為替レート変動と輸出額・輸入額の関係性（影響の波及）自体について、時系列分析の手法を利用し、グランジャー因果性検定やVARモデルに基づいて検証することとする[4]。

2．分析のフレームワーク

(1)分析の期間とデータ系列

　本章では、1931年9月から1937年7月までの月次の時系列データを用いて分

析をおこなう[5]。使用するデータは、貿易に対する影響をみるために当該期日本の①輸出額（Export）：EX と②輸入額（Import）：IM、当該期日本の金利表す変数として③コールレート（call）：r、為替レートとして④名目円－ドル・レート（Dollar）：e1 と⑤名目円－ポンド・レート（Shilling）：e2、である[6]。なお、輸出額 EX、輸入額 IM については、卸売物価指数 WPI で実質化した[7]。また、VAR モデルにおけるインパルス反応（Impulse-responses）関数の解釈を容易にするため金利系列 r 以外の変数は Census-X12 による季節調整をおこなった後、対数変換して用いる[8]。

(2)分析手法

　本章では4変数及び5変数の VAR（Vector Auto-Regression：多変量自己回帰）モデルを構築して為替レート変動が貿易に与える影響について実証分析をおこなう。この VAR モデルとは、モデルを構成する変数とその変数の自己ラグで推計した AR モデル（Auto-Regression process：自己回帰過程）を複数の変数に拡張したもので、動的同時線型方程式モデルの制約のない誘導型である。すなわち、内生変数ベクトルを、それ自身と互いのラグ付きの値の線型関数として表したものである。例えば、x_t と y_t という2変数でラグ次数が2期の VAR モデルを構築した場合、以下の(1)、(2)式のように表されることになる[9]（e_{it}（$i=1,2$）は撹乱項）。

$$x_t = a_1 + b_{11}x_{t-1} + b_{12}x_{t-2} + c_{11}y_{t-1} + c_{12}y_{t-2} + e_{1t} \qquad (6.1)$$

$$y_t = a_2 + b_{21}x_{t-1} + b_{22}x_{t-2} + c_{21}y_{t-1} + c_{22}y_{t-2} + e_{2t} \qquad (6.2)$$

　こうした誘導型 VAR モデルでは、政策変更（財政・金融政策の変更）に応じて従来頑健だとされていたモデルのパラメータが変化し得るとした Lucas[1976] や、内生変数と外生変数の区別の恣意性を指摘した Sims[1980] が批判したような伝統的なマクロ計量経済モデル作成とは異なり、特定の経済理論

第6章　為替レートと貿易

に依拠していない。したがって、VAR モデル分析の目的は、a や b などの各パラメータの推定ではなく各変数自体とその変数の過去の値によって変数間の相互依存関係を明示することにある[10]。これを行列式に書換えると、前掲の（6.1）、（6.2）式がラグ1期のケースは、以下の（6.3）式として表すことができる。

$$\begin{pmatrix} x_t \\ y_t \end{pmatrix} = \begin{pmatrix} a_1 \\ a_2 \end{pmatrix} + \begin{pmatrix} b_{11} & b_{12} \\ b_{21} & b_{22} \end{pmatrix} \begin{pmatrix} x_{t-1} \\ y_{t-1} \end{pmatrix} + \begin{pmatrix} e_{1t} \\ e_{2t} \end{pmatrix} \quad (6.3)$$

(3) 単位根検定

　VAR モデルを構築するにあたっては、誘導型 VAR に含まれる各変数が定常性を持つことが望ましいとされる。そこでまず、ADF 検定（Augmented Dickey-Fuller test）によって、検証に用いる各系列（輸出額（Export）、輸入額（Import）、コールレート（call）、円－ドル・レート（Dollar）、円－ポンド・レート（Shilling））の定常性について検証する[11]。時系列分析における定常性とは、データの平均と分散及び自己共分散が近似的に時間差のみによって定まることである。また、ADF 検定では、いずれも「検定対象の時系列が単位根を持つ（非定常過程である）」という帰無仮説を立て、それが棄却されたとき「検定対象の時系列が定常過程である」という対立仮説が採択される仮説検定をおこなう[12]。

　ADF 検定による単位根検定の結果は、（表6-1）の通りである。（表6-1）では Export、Import、call、Dollar、Shilling の5変数についてのレベル及び一回階差系列について、トレンド項と定数項を含むケース、定数項のみ含むケースの検定結果を記載している[13]。

　まず、Export、call の2変数については、いずれも ADF 検定の結果、レベル系列ではトレンド項なし、トレンド項ありの両ケースにおいて帰無仮説が棄却されず、単位根が検出され非定常系列となったが、一回階差系列では1％の

表6-1 ADF検定（Augmented Dickey-Fuller test）

変数	ドリフト項	ラグ	トレンド+ドリフト項	ラグ	判定
Export	-1.29	1	-2.26	1	I(1)
ΔExport	-12.72***	0	-12.66***	0	
Import	-1.56	0	-4.49**	1	I(1)
ΔImport	-10.40***	0	-10.37***	0	
call	-1.61	0	-1.98	0	I(1)
Δcall	-7.54***	0	-7.48***	0	
Dollar	-3.46**	2	-3.25*	2	I(0)
ΔDollar	-4.16***	7	-4.45***	1	
Shilling	-2.27	1	-1.97	2	I(1)
ΔShilling	-4.53***	1	-3.50***	2	

注）***は1％水準、**は5％水準。*は10％水準で単位根が存在するという帰無仮説が棄却されることを示す。またADF検定のラグ次数は、AIC基準（最大ラグ数12）で選択した。

有意水準で帰無仮説が棄却され定常となったことから、I(1)変数であることが示された。

次に、ImportのレベルのレベルについてのADF検定の結果をみると、トレンド項がないケースでは単位根が存在するという帰無仮説は棄却されなかったが、トレンド項があるケースでは5％の有意水準で棄却された。また一回階差系列についての検定結果をみると、いずれも1％の有意水準で帰無仮説が棄却され定常過程であることが示された。したがって、ADF検定の単位根検出力の弱さを勘案してImportをI(1)変数だと判定する。

DollarのレベルのレベルについてのADF検定では、ドリフト項がないケース、トレンド項付きのケースについて、それぞれ5％と10％の有意水準で単位根を持つという帰無仮説が棄却され、I(0)変数だと判定された。また、Dollarの一回階差系列についての検定結果をみると、いずれも1％の有意水準で帰無仮説が棄却され定常過程であることが示された。

したがって以下本章では、DollarがI(0)変数であるものの、Export、Import、call、Shillingの4変数がI(1)変数であることから、それぞれ階差を

とった $\varDelta$Export、$\varDelta$Import、$\varDelta$call、$\varDelta$Dollar、$\varDelta$Shilling の各変数を用いて VAR モデルによる実証をおこなう。

3．実証分析

(1) ラグ次数の選択

VAR モデルを構築するにあたって、$\varDelta$Dollar、$\varDelta$Shilling、$\varDelta$Export、$\varDelta$Import の4変数 VAR モデル、さらには $\varDelta$Dollar、$\varDelta$Shilling、$\varDelta$Export、$\varDelta$Import、$\varDelta$call の5変数 VAR モデルのラグ次数を選択する。本章では、最大6次までのラグの VAR モデルについて情報量基準を計算した。算出した情報基準量は、LR 基準（sequential modified LR test statistic）、AIC 基準（Akaike information criterion：赤池情報基準）、SIC 基準（Schwarz information criterion）、HQ 基準（Hannan-Quinn information criterion）である。その結果、LR 基準では3次のラグが選択された（表6-2）。本章の4変数 VAR 分析ではこの LR 基準に従い、長めの3次のラグを採用することとする[14]。

表6-2　情報量基準による VAR ラグ次数の決定

Lag	LR	AIC	SIC	HQ
0	NA	25.968	26.096*	26.019*
1	34.491	25.896	26.534	26.150
2	35.932	25.767	26.915	26.224
3	27.150*	25.750	27.407	26.409
4	24.152	25.753	27.921	26.615
5	26.143	25.681	28.358	26.746
6	26.089	25.651*	28.839	26.919

注）*が各基準によって、4変数モデルについて採用されたラグ次数。

(2) グランジャー因果性の検定

VAR モデル分析においては、一般的にモデルに含まれる変数は他の変数とグランジャーの意味での因果性（Granger causality）を持つものであることが

望ましいとされている。そこで、まず一つ目の検証として本章で扱う各変数間にグランジャーの意味での因果性があるか否かについてのグランジャー因果性検定（Granger causal test）をおこなう。ここでいうグランジャーの意味での因果性とは、時系列モデルにおいてある変数 x が他の変数 y に影響を与える、つまり他の条件を一定として y の過去の値が x の変動についての説明力をもつということである。したがって、論理的な意味での一般的な「因果性」とは異なる概念である[15]。

本章では、$\mathit{\Delta}$Export、$\mathit{\Delta}$Import、$\mathit{\Delta}$call、$\mathit{\Delta}$Dollar、$\mathit{\Delta}$Shilling の5変数についてグランジャー因果性検定をおこなった（表6-3）[16]。このグランジャー因果性検定の結果は、「モデルに含まれる個々の2変数間にグランジャー因果性が無いという帰無仮説」を棄却できるか否か、したがって「グランジャー因果性があるという対立仮説」を肯定できるか否かを示している。検定の結果からは、$\mathit{\Delta}$Export からは $\mathit{\Delta}$Dollar へ10％の有意性で、$\mathit{\Delta}$call からは $\mathit{\Delta}$Export へ5％、$\mathit{\Delta}$Dollar と $\mathit{\Delta}$Shilling へ1％の有意性で、$\mathit{\Delta}$Dollar からは $\mathit{\Delta}$Import へ10％、$\mathit{\Delta}$call と $\mathit{\Delta}$Shilling へ1％の有意性で、$\mathit{\Delta}$Shilling からは $\mathit{\Delta}$Export へ5％、$\mathit{\Delta}$call と $\mathit{\Delta}$Dollar へ1％の有意性で、グランジャーの意味での因果関係を持っていることが示されている。

以上のグランジャー検定の結果から、5変数ともにブロック外生性（block exogeneity）を持つ変数ではないことが明らかになった。したがって本章では、既述の（6.3）式に倣い、以下の（6.4）・（6.5）両式のように、$\mathit{\Delta}$Export、$\mathit{\Delta}$Import、$\mathit{\Delta}$Dollar、$\mathit{\Delta}$Shilling の4変数および、$\mathit{\Delta}$Export、$\mathit{\Delta}$Import、$\mathit{\Delta}$call、$\mathit{\Delta}$Dollar、$\mathit{\Delta}$Shilling の5変数を含めた VAR モデルを構築して検証をおこなう[17]。

第6章 為替レートと貿易

表6-3 グランジャー因果性テスト①

帰無仮説	F値
Import ⇒ Export	0.5326
Export ⇒ Import	0.5896
call ⇒ Export	3.4544**
Export ⇒ call	1.2551
Dollar ⇒ Export	0.4244
Export ⇒ Dollar	2.0660*
Shilling ⇒ Export	3.5215**
Export ⇒ Shilling	0.6702
call ⇒ Import	0.9309
Import ⇒ call	0.0454
Dollar ⇒ Import	2.0579*
Import ⇒ Dollar	0.5396
Shilling ⇒ Import	1.0053
Import ⇒ Shilling	1.4495
Dollar ⇒ call	6.6025***
call ⇒ Dollar	9.7945***
Shilling ⇒ call	13.4617***
call ⇒ Shilling	4.7105***
Shilling ⇒ Dollar	10.0207***
Dollar ⇒ Shilling	4.0067***

注）*、**、***はそれぞれ10％、5％、1％の有意水準で帰無仮説が棄却されることを示す。ラグ次数は3。

$$\begin{pmatrix} \Delta EX_t \\ \Delta IM_t \\ \Delta Dollar_t \\ \Delta Shilling_t \end{pmatrix} = \begin{pmatrix} a_{10} \\ a_{20} \\ a_{30} \\ a_{40} \end{pmatrix} + \begin{pmatrix} a_{11} & a_{12} & a_{13} & a_{14} \\ a_{21} & a_{22} & a_{23} & a_{24} \\ a_{31} & a_{32} & a_{33} & a_{34} \\ a_{41} & a_{42} & a_{43} & a_{44} \end{pmatrix} \begin{pmatrix} \Delta EX_{t-1} \\ \Delta IM_{t-1} \\ \Delta Dollar_{t-1} \\ \Delta Shilling_{t-1} \end{pmatrix} + \begin{pmatrix} e_{1t} \\ e_{2t} \\ e_{3t} \\ e_{4t} \end{pmatrix}$$

(6.4)

$$\begin{pmatrix} \Delta EX_t \\ \Delta call_t \\ \Delta IM_t \\ \Delta Dollar_t \\ \Delta Shilling_t \end{pmatrix} = \begin{pmatrix} a_{10} \\ a_{20} \\ a_{30} \\ a_{40} \\ a_{50} \end{pmatrix} + \begin{pmatrix} a_{11} & a_{12} & a_{13} & a_{14} \\ a_{21} & a_{22} & a_{23} & a_{24} \\ a_{31} & a_{32} & a_{33} & a_{34} \\ a_{41} & a_{42} & a_{43} & a_{44} \\ a_{51} & a_{52} & a_{53} & a_{54} \end{pmatrix} \begin{pmatrix} \Delta EX_{t-1} \\ \Delta call_{t-1} \\ \Delta IM_{t-1} \\ \Delta Dollar_{t-1} \\ \Delta Shilling_{t-1} \end{pmatrix} + \begin{pmatrix} e_{1t} \\ e_{2t} \\ e_{3t} \\ e_{4t} \\ e_{5t} \end{pmatrix}$$

(6. 5)

(3)インパルス反応関数

　本章の主要な目的は、為替レート（$\Delta Dollar$、$\Delta Shilling$）の変動（＝為替レートの外生的な変化）が当該期の貿易（$\Delta Export$、$\Delta Import$）にもたらす動学的な効果を検証することである。そこで、VARモデルによる二つ目の検証として、インパルス反応関数を用いることによって、VARを構築している$\Delta Export$、$\Delta Import$、$\Delta Dollar$、$\Delta Shilling$の4変数及び、$\Delta Export$、$\Delta Import$、$\Delta call$、$\Delta Dollar$、$\Delta Shilling$の5変数の構造ショックがそれぞれに与える各期のフローの影響をみることにする。このインパルス反応関数とは、ある変数の撹乱項に何らかの衝撃（イノベーション：innovation）が生じた際に、当該変数及びその他の変数にその衝撃がどのように伝搬しているかを数値的に示す関数である。したがって、このインパルス反応関数の形状を観察することによって、VARモデルにおける各変数間の波及効果を視覚的に分析することができる[18]。つまり本章では、当該期の貿易の指標である輸出（$\Delta Export$）と輸入（$\Delta Import$）に対して、為替レート（$\Delta Dollar$、$\Delta Shilling$）の変動と国内金融環境を示すコールレート（$\Delta call$）の変動がどのように影響を与えていたか、を観察することになる[19]。

　VARモデルにおいては、モデルに含まれる変数の順序によって異なるインパルス反応が得られる可能性がある。本章では各変数間の相互依存関係がリカーシブ（recursive）な関係であるコレスキー（Choleski）分解を仮定する[20]。そこで、1970～90年代についての同様の分析をおこなっている宮尾［2006］に倣い[21]、より外生性が高いと考えられる順序として輸出を最も外生的、為替

第6章　為替レートと貿易

レートを最も内生的と見做すリカーシブ制約、すなわち4変数VARでは（⊿Export、⊿Import、⊿Dollar、⊿Shilling）、5変数VARでは（⊿Export、⊿Import、⊿call、⊿Dollar、⊿Shilling）という変数の順序をもつ基本モデルを用いて分析をおこなった[22]。

　VARモデル分析の結果である（図6-1）には、本章が推定した（⊿Export、⊿Import、⊿Dollar、⊿Shilling）4変数VARモデルにおけるインパルス反応関数が示されている。最初に、円-ドル・レートの変動に対する輸出の反応をみる。インパルス反応関数によれば、1標準誤差の為替レートショックe1（円高ドル安のショック）によって、輸出は2期目に下降し（−1.08標準偏差単位）、一貫して12期後までその影響が累積（−1.9標準偏差単位程度）している[23]。これは、当該期の円安ドル高が輸出に寄与していることを示している。次に、円-ポンド・レートの変動に対する輸出の反応をみる。同様に1標準誤差の為替レートショックe2（円高ポンド安のショック）によって、輸出は2期目に僅かに上昇した後、3～5期目に有意にマイナスの影響（−2.6標準偏差単位程度）を与え、その後も12期後までマイナスの影響が累積（−1.6標準偏差単位程度）している。これも円高ドル安ショックと同じく、円安ポンド高の為替レートショックがイノベーションの3～5ヶ月後に大きく輸出増大の効果を与え、12か月後までそれが持続していることになる。

　続いて、円-ドル・レートの変動に対する輸入の反応をみる。インパルス反応関数によれば、1標準誤差の為替レートショックe1（円高ドル安のショック）によって、輸入は2期目に有意に上昇（2.5標準偏差単位程度）するが、その後3期目以降には反動してマイナスし続け、以降は概ね累積してプラスマイナス0で推移する（−0.05標準偏差単位程度）。これは、円安ドル高は為替レートショックの直後には輸入に大きくマイナスの影響を与えるが、その後は反動で回復し4期後以降は以前の水準を回復していることを示している。さらに、円-ポンド・レートの変動に対する輸入の反応をみる。1標準誤差の為替レートショックe2（円高ポンド安のショック）によって、輸入は2期目から僅かにマイナスの影響を受けるが、その後も12期後まで隔月で微少ながら交互

にプラスマイナスの影響を受け続けるが、7期後以降は累積効果はほぼ0に収束している（0.1～0.4標準偏差単位程度）。このことから、円安ポンド高は為替レートショックの直後に微少ながら輸入にプラスの効果を与えるが、総体的にはほとんどその影響はなかったことがわかる。

　また、輸出と輸入への為替レートショック以外のインパルス反応から、この4変数VARモデルの妥当性について検証すると、輸出ショック・輸入ショックともに円－ドル・レートにはほとんど影響を与えていないが、輸出ショックは円－ポンド・レートに僅かにマイナスの影響（円高圧力）を12か月後まで与え、輸入ショックは円－ポンド・レートにプラスの影響を6か月後まで与えていることがわかる。これは、それぞれ輸出増大による円高効果と輸入増大と経常収支悪化による円安効果だと考えられ、多くの経済モデルの想定と整合的であるといえる。

　4変数VARに続いて、金利変数（$\mathit{\Delta}$call）を追加した（$\mathit{\Delta}$Export、$\mathit{\Delta}$Import、$\mathit{\Delta}$call、$\mathit{\Delta}$Dollar、$\mathit{\Delta}$Shilling）5変数VARモデルにおけるインパルス反応関数を確認する（図6-2）。

　最初に、4変数VARモデルと同じく円－ドル・レートの変動に対する輸出の反応をみる。インパルス反応関数によれば、1標準誤差の為替レートショックe1（円高ドル安のショック）によって、輸出は2期目に下降（-0.93標準偏差単位）し、12期後までほぼ連続してマイナスの影響が累積（-2.2標準偏差単位程度）している。これは、5変数VARモデルにおいても、円安ドル高の効果が輸出に寄与していることを示している。次に、円－ポンド・レートの変動に対する輸出の反応をみる。1標準誤差の為替レートショックe2（円高ポンド安のショック）により、輸出は2期目に僅かに上昇した後、3～4期目に有意にマイナスの影響（-2.6標準偏差単位）を与え、その後も若干のプラスの期（5、6・8期）もありつつ12期後までマイナスの効果が累積（-1.6標準偏差単位）している。これも円高ドル安ショックと同じく、5変数VARモデルにおいても、円安ポンド高の為替レートショックe2がイノベーションの3～4ヶ月後に大きく輸出増大の効果を与え、12か月後までそれが持続してい

第 6 章　為替レートと貿易

ることが示している。

　続いて、円 – ドル・レートの変動に対する輸入の反応をみる。1 標準誤差の為替レートショック e1 （円高ドル安のショック）によって、輸入は 2 期目に有意に上昇（2.97 標準偏差単位）するが、その後 3 ～ 5 期目には反動で連続してマイナスの効果がある。6 期に再び上昇した後は緩やかに効果を漸減させながら 12 期後まで推移する。これは、円安ドル高は為替レートショックの直後には輸入に大きくマイナスの影響を与えるが、反動で回復し半年後以降は以前の水準を回復するという 4 変数 VAR モデルの検証結果を再確認するものである。さらに、円 – ポンド・レートの変動に対する輸出の反応をみる。1 標準誤差の為替レートショック e2 （円高ポンド安のショック）によって、輸入は 2 期目から僅かにマイナスの影響を受けるが、その後は 12 期後まで隔月で微少ながら交互にプラスマイナスの影響を受け続け、7 ～ 8 期のプラスの効果の後は一貫してマイナスの影響が出ている。このことからも、円安ポンド高は為替レートショックの直後に微少ながらプラスの効果を与えるが、ほとんどその効果を与えなかったという 4 変数 VAR モデルとほぼ同様の検証結果となった。

　加えて、輸出と輸入への為替レートショック以外のインパルス反応から、この 5 変数 VAR モデルの妥当性について検証する。まず輸出ショック EX については、円 – ドル・レート、円 – ポンド・レートそれぞれに僅かにマイナスの影響（円高圧力）を 12 か月後まで与えている。これは、4 変数 VAR モデルと同じく輸出増大による円高効果だと考えられる。また輸入ショック IM は円 – ドル・レート、円 – ポンド・レートそれぞれに僅かにプラスの影響（円安圧力）を 12 か月後まで累積させている。これも、4 変数 VAR モデルと同じく輸入増大と経常収支悪化による円安効果だと考えられる。金利ショック r は、円 – ドル・レート、円 – ポンド・レートそれぞれに増減しながらも僅かにマイナスの影響（円高圧力）を 12 か月後まで与えている。これについては、予想物価が一定だと仮定すれば金利低下（金融緩和）が通貨安をもたらす金利平価理論で説明が可能である（後述）。一方で、金利ショック r が輸出に与える効果については、2 期目のマイナス、3 期目の大きなプラス効果（1.3 標準偏差単

位)の後は、一貫して12期まで微少なマイナスの影響が続き（9期のうち7期マイナス)、累積的な効果は8期以降マイナスとなっている（12期以降は－0.2標準偏差単位程度に収束)。これは、3期目の反動を除けば、基本的に金利ショックrが輸出にマイナス効果を与えていた（金融緩和が輸出にプラスの効果を与えていた）と考えることができる[24]。

以上のように、本章が構築した（ΔExport、ΔImport、ΔDollar、ΔShilling）4変数VARモデル及び（ΔDollar、ΔShilling、ΔExport、ΔImport、Δcall）5変数VARモデルからは、当該期の輸出・輸入の変動への円－ドル・レート、円－ポンド・レート変動の影響だけでなく、全体的に一般的なマクロ経済モデルとも整合的で解釈可能なインパルス反応が得られている。したがって、本章の4変数VARモデル、5変数VARモデル全体が妥当であり、当該期の輸出増加には為替レートの低落（円安ポンド高、円安ドル高）の影響があったという概ね頑健なVARモデルの実証結果が確認された。

(4) 予測誤差の分散分解

本章が構築したVARモデルによる三つ目の検証として、予測誤差の分散分解（forecast error variance decomposition）をおこなう。前項のインパルス反応関数による検証は、その反応関数の形状から変数間の関係（各変数の構造ショックに対する反応）を観察するものであったが、予測誤差の分散分解では、各変数の変動がどの程度他の変数の変動に影響しているかを定量化する。したがって、本稿の検証では、1930年代の日本の貿易への影響力の大きさを測定するために、輸出（ΔExport）と輸入（ΔImport）の変動に対する、（ΔExport、ΔImport、ΔDollar、ΔShilling）各4変数の相対的な寄与度から、自己ショックを含めた各変数ショックの輸出と輸入への影響の大きさを測定する。

本章が検証に用いている（ΔExport、ΔImport、ΔDollar、ΔShilling）4変数VARモデルにおける輸出（ΔExport）と輸入（ΔImport）の変動についての予測誤差の分散分解の計算結果が（表6-4）と（表6-5）にまとめられている。まず最初の分析として、輸出への各変数の影響をみていく（表6-4）。予

第6章　為替レートと貿易

表6-4　輸出に対する相対的寄与度（予測誤差の分散分解）①

	Export	Import	Dollar	Shilling
1期後	100.00	0.00	0.00	0.00
2期後	96.61	0.26	2.86	0.27
3期後	85.09	0.26	3.45	11.20
4期後	83.76	1.48	3.61	11.14
5期後	82.01	3.49	3.59	10.92
6期後	81.41	3.90	3.79	10.95
12期後	81.09	3.88	3.80	11.24

（注）数値は％。

表6-5　輸入に対する相対的寄与度（予測誤差の分散分解）①

	Export	Import	Dollar	Shilling
1期後	0.37	99.63	0.00	0.00
2期後	3.72	89.90	5.35	1.03
3期後	4.11	88.51	6.23	1.15
4期後	4.14	86.36	8.36	1.14
5期後	4.64	85.83	8.40	1.14
6期後	5.03	85.46	8.37	1.15
12期後	5.00	84.28	8.39	2.33

（注）数値は％。

測誤差の分散分解によれば、まず、円‐ドル・レートショック（円高ドル安のショック）の輸出（ΔExport）の変動への寄与率は、2期後の2.9％から6期後には3.8％まで上昇し、それ以降は12期後（1年後）まで3.8％前後を連続して維持している。同様に円‐ポンド・レートショック（円高ポンド安ショック）の輸出（ΔExport）の変動への寄与率は、2期後の0.3％という低い水準から3期後には11.2％まで急上昇し、それ以降は12期後（1年後）まで11％前後を持続している。すなわち、1930年代の日本の輸出増減は、円‐ドル・レートによって3～4％、円‐ポンド・レートによって約11％が説明されることになる[25]。

次に、輸入への影響をみる（表6-5）。まず、円-ドル・レートショック（円高ドル安のショック）の輸入（ΔImport）の変動への寄与率は、2期後の5.4％から4期後には8.4％まで上昇し、それ以降は12期後（1年後）まで8.3％前後の影響を連続して与えている。また円-ポンド・レートショック（円高ポンド安ショック）は、2期後の1.0％から6期後の1.2％まで1％強、12期後（1年後）には2.3％しか輸入（ΔImport）変動への影響を与えていなかった。したがって、予測誤差の分散分解によれば1930年代の日本の輸入増減は、円-ドル・レートによって約8％強、円-ポンド・レートによって1～2％が説明される[26]。

続いて（ΔExport、ΔImport、Δcall、ΔDollar、ΔShilling）5変数VARモデルによる輸出（ΔExport）と輸入（ΔImport）の変動についての予測誤差の分散分解の検証結果が、（表6-6）と（表6-7）に整理してある。以下では、5変数VARモデルを用いて、輸出への各変数の影響をみていく（表6-6）。（表6-6）によれば、輸出への3期目以降の円-ポンド・レートショックの寄与度は概ね約8～10％、同じく円-ドル・レートの寄与度は約2～3％であり、寄与度は下がったものの概ね4変数VARの計測結果が支持された。また、コールレートショックの寄与度も5％前後と相対的に大きいものだった。最後に、5変数VARモデルを用いて、輸入への各変数の影響をみる（表6-7）。（表6-7）によれば、輸入への2期目以降の円-ドル・レートショックの寄与

表6-6　輸出に対する相対的寄与度（予測誤差の分散分解）②

	Export	call	Import	Dollar	Shilling
1期後	100.00	0.00	0.00	0.00	0.00
2期後	95.01	1.99	0.91	2.03	0.06
3期後	82.84	5.12	0.92	2.23	8.89
4期後	81.47	5.01	2.09	2.29	9.14
5期後	80.18	4.97	3.62	2.27	8.95
6期後	79.27	4.91	3.79	2.77	9.26
12期後	78.59	4.99	3.77	2.82	9.82

（注）数値は％。

第6章　為替レートと貿易

表6-7　輸入に対する相対的寄与度（予測誤差の分散分解）②

	Export	call	Import	Dollar	Shilling
1期後	0.53	0.19	99.29	0.00	0.00
2期後	1.28	1.14	88.76	8.01	0.81
3期後	1.84	5.44	83.63	8.15	0.94
4期後	1.81	7.28	80.60	9.07	1.24
5期後	2.72	7.19	78.09	9.10	2.90
6期後	2.83	7.19	77.14	9.93	2.90
12期後	2.84	8.50	74.16	9.57	4.93

(注)　数値は％。

度は概ね約8～10％、円－ポンド・レートによる寄与度は約1～5％で、こちらも4変数VARの分散分解の計測を支持するものであった。そしてコールレートショックの寄与度は、3期目以降5～8％前後とこちらもかなり大きいものだった。

　以上の実証分析から、本章の（ΔExport、ΔImport、ΔDollar、ΔShilling）4変数VARモデルと（ΔExport、ΔImport、Δcall、ΔDollar、ΔShilling）5変数VARモデルによる予測誤差の分散分解からは、1930年代の日本の輸出増減には円－ポンド・レートの変動が大きな影響（8～11％）を与えていたこと、また輸入増減には円－ドル・レートの変動が大きな影響（8～10％）を与えていたことが示された。また5変数VARモデルにおいては、為替レートショックだけでなく、コールレートショックの輸出・輸入への寄与度もかなり大きなものであった（5～8％）。

4．追加検証

(1)構造変化の可能性

　本章では、前節まで（ΔExport、ΔImport、ΔDollar、ΔShilling）4変数VARモデルと（ΔExport、ΔImport、Δcall、ΔDollar、ΔShilling）5変数VARモデルを用いて、1930年代の日本の輸出・輸入の変動要因についての検証をお

こなってきた。

しかし1930年代の中盤で、日本の輸出・輸入の構造に変化があった可能性がある。すなわち急激な為替下落によって輸出主導がおこなわれていたとされる1930年代前半と、為替レートが低位安定した1930年後半とで、為替レートへと貿易の相互関係が変化している可能性である。そこで最後に、ここまでおこなってきた5変数VARモデルから得られた実証結果の頑健性を高めるために、1931年9月から1934年12月までのデータを用いた同様の4変数と5変数VARモデルを用いて追加的な分析をおこなう[27]。

まず前節までと同様に、Export、Import、call、Dollar、Shillingの5変数のADF検定をおこなった上で（表6-8）、定常系列であるΔExport、ΔImport、Δcall、ΔDollar、ΔShillingの各変数間のグランジャー因果性を検定した（表6-9）。その結果、ΔcallからはΔExportとΔShillingへ5％、ΔDollarへ1％の有意性で、ΔDollarからはΔcallへ5％、ΔShillingへ10％の有意性で、ΔShillingからはΔExportへ10％、ΔcallとΔDollarへ1％の有意性で、グランジャーの意味での因果関係を持っていることが明らかになった[28]。

表6-8　ADF検定（Augmented Dickey-Fuller test）

変数	ドリフト項	ラグ	トレンド+ドリフト項	ラグ	判定
Export	-0.58	1	-4.15*	0	I(1)
ΔExport	-9.22***	0	-9.12***	0	
Import	-1.66	0	-3.35*	0	I(1)
ΔImport	-7.08***	0	-7.40***	0	
call	-1.15	0	-2.17	0	I(1)
Δcall	-5.61***	0	-5.54***	0	
Dollar	-2.49	0	-1.95	0	I(1)
ΔDollar	-3.12**	0	-7.22***	0	
Shilling	-1.52	2	-1.75	2	I(1)
ΔShilling	-3.43**	1	-3.48*	1	

注）***は1％水準、**は5％水準。*は10％水準で単位根が存在するという帰無仮説が棄却されることを示す。またADF検定のラグ次数は、AIC基準（最大ラグ数9）で選択した。

第6章 為替レートと貿易

表6-9 グランジャー因果性テスト②

帰無仮説	F値
Import ⇒ Export	0.0959
Export ⇒ Import	1.3283
call ⇒ Export	3.4577**
Export ⇒ call	1.0544
Dollar ⇒ Export	0.1609
Export ⇒ Dollar	1.0544
Shilling ⇒ Export	2.3871*
Export ⇒ Shilling	0.5723
call ⇒ Import	0.5975
Import ⇒ call	0.1249
Dollar ⇒ Import	1.6863
Import ⇒ Dollar	0.4190
Shilling ⇒ Import	0.7987
Import ⇒ Shilling	1.1177
Dollar ⇒ call	3.7806**
call ⇒ Dollar	5.9726***
Shilling ⇒ call	8.5291***
call ⇒ Shilling	2.7685**
Shilling ⇒ Dollar	5.7444***
Dollar ⇒ Shilling	2.1341*

注）*、**、***はそれぞれ10％、5％、1％の有意水準で帰無仮説が棄却されることを示す。ラグ次数は3。

続いて、(ΔExport、ΔImport、ΔDollar、ΔShilling)の4変数VAR、(ΔExport、ΔImport、Δcall、ΔDollar、ΔShilling)の5変数VARを構築し、同じくインパルス反応関数を観察した（図6-3）・（図6-4）。4変数VARインパルス反応関数によれば、円‐ドル・レートと円‐ポンド・レートの変動に対する輸出の反応は以下のとおりである。まず1標準誤差の為替レートショックe1（円高ドル安のショック）によって、輸出は2期目に下降（－1.07標準偏差単位）し、12期後までマイナスの影響（－2標準偏差程度）が累積している。また1

標準誤差の為替レートショック e2（円高ポンド安のショック）により、輸出は 2 期目に僅かに上昇した後、3～4 期目に有意にマイナスの影響（-3.6標準偏差単位）を与え、その後も12期後までマイナスの効果（-3標準偏差単位程度）が累積している。そして 5 変数 VAR インパルス反応関数によれば、1標準誤差の為替レートショック e1（円高ドル安のショック）によって、輸出は 2 期目に下降（-0.08標準偏差単位）し、12期後まで続けてマイナスの影響（-2.6標準偏差程度）が累積している。さらに、1 標準誤差の為替レートショック e2（円高ポンド安のショック）により、2 期目に下降（-0.2標準偏差単位）し、12期後まで続けてマイナスの影響（-3～4標準偏差単位程度）が累積している。

一方、5 変数 VAR モデルにおいて金利ショック r が輸出に与える効果については、2 期目の大きなマイナス（-1.9標準偏差単位）、とその反動の 3 期目の大きなプラス効果（2.0標準偏差単位）の後、12期までほぼ連続してマイナスの効果を与え、累積的な効果は 5 期以降一貫してマイナスとなっている（14期以降は-0.8標準偏差単位程度に収束）。

最後に、4 変数 VAR モデルと 5 変数 VAR モデルによる輸出（ΔExport）の変動についての予測誤差の分散分解の検証結果が、（表 6-10）と（表 6-11）に整理してある。（表 6-10）によれば、4 変数 VAR モデルにおける輸出への 3 期目以降の円 - ポンド・レートショックの寄与度は約16～17%、同

表 6-10 輸出に対する相対的寄与度（予測誤差の分散分解）③

	Export	Import	Dollar	Shilling
1 期後	100.00	0.00	0.00	0.00
2 期後	96.52	1.21	1.97	0.30
3 期後	80.49	1.05	2.53	15.94
4 期後	79.82	1.03	2.71	16.44
5 期後	79.16	1.24	2.75	16.83
6 期後	78.87	1.43	2.81	16.89
12期後	78.62	1.48	2.85	17.04

（注）数値は%。

第6章　為替レートと貿易

表6-11　輸出に対する相対的寄与度（予測誤差の分散分解）④

	Export	call	Import	Dollar	Shilling
1期後	100.00	0.00	0.00	0.00	0.00
2期後	90.02	5.38	3.35	1.17	0.06
3期後	75.67	9.71	3.26	1.61	9.75
4期後	74.66	9.52	3.23	1.61	10.98
5期後	74.68	9.60	3.22	1.60	10.91
6期後	73.68	9.63	3.18	2.00	11.52
12期後	72.99	9.74	3.32	2.08	11.87

（注）数値は％。

じく円－ドル・レートの寄与度は約2～3％である。（表6-11）によれば、5変数VARモデルにおける輸出への3期目以降の円－ポンド・レートショックの寄与度は約10～12％、円－ドル・レートショックの寄与度は約1～2％であり、金利ショックの寄与度は5～10％であった。

以上の追加検証により、1930年代前半（～1934年12月）の検証結果には、全サンプル期間（～1937年7月）に比して、①輸出に対する円－ポンド・レート変動の影響が大きい、②輸出に対するコールレート変動の影響が大きい、③輸入と他の変数との因果性が存在しない、という三点では相違があるといえる。しかし、インパルス反応の形状や他の変数の相互関係などを勘案すると、本章の構築した4変数VARモデルと5変数VARモデルの頑健性が再確認され、1930年代を通じて貿易・為替レートの関係に大きな構造変化はなかったと考えられる[29]。

5．まとめ

(1)分析結果

本章では、1930年代における日本の貿易と為替レートの相互関係について、当該期日本の輸出額（Export）、輸入額（Import）、コールレート（call）、円－ドル・レート（Dollar）、円－ポンド・レート（Shilling）の5変数の定常性

についてADF検定をおこなった上で、(ΔExport、ΔImport、ΔDollar、ΔShilling) 4変数VARモデルと、(ΔExport、ΔImport、Δcall、ΔDollar、ΔShilling) 5変数VARモデルを用いて検証した。

一つ目の検証としてグレンジャー因果性検定をおこない（ラグ次数3）、ΔExportからはΔDollarへ10％の有意性で、ΔcallからはΔExportへ5％、ΔDollarとΔShillingへ1％の有意性で、ΔDollarからはΔImportへ10％、ΔcallとΔShillingへ1％の有意性で、ΔShillingからはΔExportへ5％、ΔcallとΔDollarへ1％の有意性で、グランジャーの意味での因果性が検出された。すなわち、輸出からは円－ドル・レートへ、短期金利変数からは輸出と円－ドル・レート及び円－ポンド・レートへ、円－ドル・レートからは輸入と短期金利及び円－ポンド・レートへ、円－ポンド・レートからは輸出と短期金利及び円－ドル・レートへ、それぞれの変動について有意に説明力をもつことが示された。

二つ目の検証としてVARモデルのインパルス反応関数を用いたインパクト分析をおこなった。インパルス反応関数の形状から、まず4変数VARモデルにおいては、円－ドル・レートショックによって、輸出は2期目に下降し12期後までその効果が累積し、輸入は2期目に有意に上昇するが、その後3期目以降はマイナスし続け、以降は概ね累積してプラスマイナス0で推移していたことが示された。また円－ポンド・レートのショックによって、輸出は2期目に上昇した後、3～5期目に有意にマイナスの影響を与え、12期後までマイナスの影響が累積していた一方で、輸入は2期目から僅かにマイナスの影響を受けるが、その後も12期後まで隔月で微少ながら交互にプラスマイナスの影響を受け続け、7期後以降は累積効果がほぼ0に収束していた。

次に、金利変数を追加した5変数VARモデルにおいては、円－ドル・レートショックによって、輸出は2期目に下降した後、12期後までほぼ連続してマイナスの影響が累積するが、輸入は2期目の有意な上昇、その後3～5期目の下降の後、6期に再び上昇した後は12期後まで緩やかに下降していた。また円－ポンド・レートのショックによっては、輸出は2期目に僅かに上昇した後、

第6章　為替レートと貿易

3～4期目に有意にマイナスの効果を与え、その後も12期後までマイナスの効果が累積していた一方で、輸入は2期目から僅かにマイナスの影響を受けるが、7～8期のプラスの効果の後は12期後まで一貫してマイナスの影響を受けている。さらに、この5変数VARでは金利ショックが、円－ドル・レート、円－ポンド・レートそれぞれに増減しながらも僅かにマイナスの影響を12か月後まで与えている一方で、輸出に対しては2期目のマイナス、3期目の大きなプラスの後は、一貫して12期まで微少なマイナスの効果を与え、累積的な効果は8期以降マイナスとなっていた。

　三つ目の検証としてVARモデルにおける予測誤差の分散分解をおこなった。まず4変数VARモデルにおける輸出への寄与度は、円－ドル・レートショックが2期後の2.9％以降は12期後まで3.8％前後を、円－ポンド・レートショックは2期後の0.3％から3期後には11.2％まで急上昇した後、12期後まで11％前後をそれぞれ維持していた。次に輸入への寄与度は、円－ドル・レートショックが、2期後の5.4％から4期後以降は12期後まで8％前後の影響を、円－ポンド・レートショックは、2期後から6期後まで1％強、その後12期後には2.3％の影響を与えていた。同様に5変数VARモデルにおける輸出への寄与度は、円－ドル・レートショックが約2～3％、円－ポンド・レートは3期目以降には概ね約8～10％、コールレートショックが約5％であった。輸入への寄与度は円－ドル・レートショックが概ね約8～10％、円－ポンド・レートは約1～5％、コールレートショックは約5～8％であった。

　そしてこれらの分析に加えて、追加的に1930年代前半（～1934年12月）のデータを用いた4変数VARモデルと5変数VARモデルの検証をおこなって、全サンプル期間（～1937年7月）の間に構造変化がなかったかについても分析した。検証結果には、全サンプル期間に比して、①輸出に対する円－ポンド・レート変動の影響が大きい、②輸出に対するコールレート変動の影響が大きい、③輸入と他の変数との因果性が存在しない、という相違があったが、インパルス反応の形状や他の変数の相互関係などから本章の構築した4変数VARモデルと5変数VARモデルの頑健性が再確認された。

(2)結論と課題

　以上の本章の分析から、明らかになった重要な検証結果をまとめていく。まず一つ目としては本章の主要な検証目的である当該期の為替レートと輸出・輸入の関係についてである。まず本章のおこなったグランジャー因果性検定の結果から、円－ドル・レートからは輸入へ（10％有意）、円－ポンド・レートからは輸出へ（5％有意）、それぞれの変動について説明力をもつことが示された。またVARモデルにおけるインパルス反応関数の形状と予測誤差の分散分解からも、円－ドル・レートショックからは輸入へ、円－ポンド・レートショックからは輸出へという動学的な波及効果が定量的に確認された（それぞれの寄与度はショック1年後までに約8％と11％）。つまり、当該期の為替低位安定政策による輸出入への効果が定量的に計測され、いわゆる「支出スイッチ効果」の存在が確認されたことになる。また、輸出への影響が円－ポンド・レートのみから検出され、1930年代前半期のみをサンプル期間とする追加検証ではより大きな影響がみられたことや、輸入への影響が円－ドル・レートのみからしか検出されず、追加検証ではその因果性も検出されなかったことは、当該期の輸出相手国・輸入相手国や輸出品目・輸入品目の相違から生じている可能性がある[30]。

　二つ目は、金利変数の影響力についてである。グランジャー因果性検定ではコールレートから輸出（5％有意）と両為替レート（1％意性）へ因果性が検出され、追加検証でもそれは変わらなかった。またコールレートショックを加えた5変数VARモデルによっても、短期金利変数から輸出、両為替レートへの強い説明力が計測された（それぞれの寄与度はショック1年後までに約5〜10％）。この検証結果は、為替低落が金融緩和政策そのものに起因することや、当該期にいわゆる「金利平価理論」が成立していることを示唆している[31]。特に後者が重要なのは、金利平価理論の成立前提としては通貨そのものの金融資産化と自由な資本移動による裁定取引があるはずだからである。このことから、高橋財政期の資本移動規制は極めて不完全だった可能性がある[32]。

　最後に、本章に残されたいくつかの課題についてまとめる。まず、時系列分

第 6 章 為替レートと貿易

析自体の限界がある。既述のように誘導型 VAR 分析の手法自体が、そもそも変数とそのラグ値によって変数間の相互依存関係を明示することを目的としていることから、本章が検証した各変数間の関係性に経済理論的な背景や歴史的な事実があるわけではない。したがって本章の VAR モデル分析が明らかにし得たのは、1930年代における為替レート変動ショックから輸出・輸入へ、金利変動ショックから輸出や為替レートへといった因果関係や変動の波及効果が、各変数の現在と過去の各変数の値によって説明されるという結果に過ぎない。

次に、VAR モデル自体をシンプルなものにするために、当該期の為替レートや貿易構造に影響を与えると考えられる物価指標・予想為替レート・国内所得・資本移動などの変数をモデルに含め得なかったという問題がある。その結果、本章の分析では、輸出・輸入の変動の多くの部分が当該変数の自己ショックとして計測されることになった。また、畑瀬［2002］が検討したような、米国、英国などの先進工業国、満洲、朝鮮などの植民地・半植民地、中国、インド、蘭印などの後発国・地域など貿易相手によってその構造が大きく異なっているはずの海外要因や、為替低落に伴う交易条件の変化についても捨象している。これらの要因がどのように輸出入に影響したかについては、他の変数を含んだ VAR モデルを構築するなどによるさらなる追加的な検証が必要であろう。

そして、検証対象としてのサンプル期間の問題がある。本章では1930年代（〜1937年7月）を全サンプル期間とする検証と、前半期（〜1934年12月）のみをサンプル期間とする追加検証をおこなっているにすぎないが、1930年代における貿易構造の変化は他の時点で起こっていた可能性もある。期間内におけるステップワイズチャウ・テスト（N-Step Forecast test）などを用いた、より定量的な構造変化の検証も必要であろう。いずれも今後の検討課題としたい。

図6-1 インパルス反応関数①（Ex、IM、e1、e2モデル）

〈ショック〉

①輸出　　②輸入　　③円ドル・レート　　④円ポンド・レート

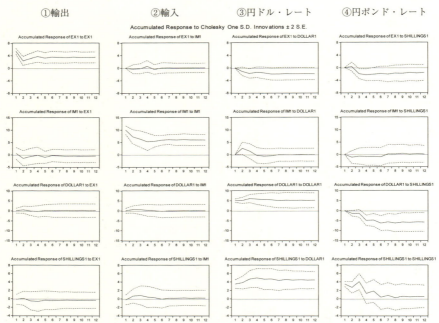

注）図の破線は2標準偏差の区間を示す。インパルス反応の標準偏差は漸近分布によって求められたもの。ラグは3期。

第6章 為替レートと貿易

図6-2 インパルス反応関数② (Ex、r、IM、e1、e2モデル)

〈ショック〉

①輸出　　②コールレート　　③輸入　　④円ドル・レート　　⑤円ポンド・レート

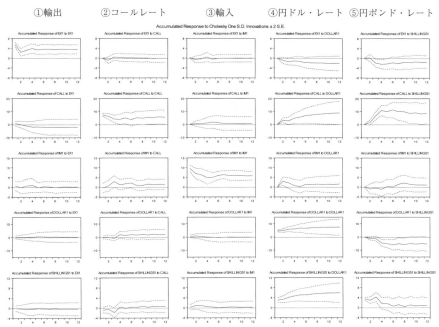

注) 図の破線は2標準偏差の区間を示す。インパルス反応の標準偏差は漸近分布によって求められたもの。ラグは5期。

図6-3 インパルス反応関数③（Ex、IM、e1、e2モデル）

〈ショック〉

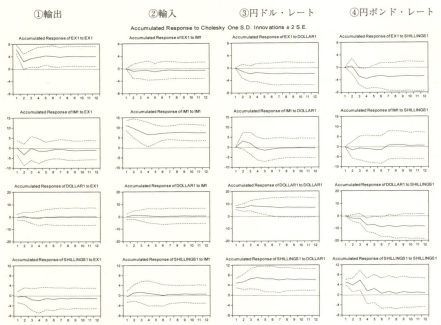

注）図の破線は2標準偏差の区間を示す。インパルス反応の標準偏差は漸近分布によって求められたもの。ラグは3期。

第6章 為替レートと貿易

図6-4　インパルス反応関数④（Ex、r、IM、e1、e2モデル）

〈ショック〉

①輸出　　②コールレート　　③輸入　　④円ドル・レート　⑤円ポンド・レート

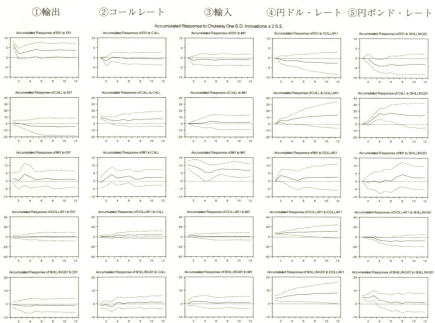

注）図の破線は2標準偏差の区間を示す。インパルス反応の標準偏差は漸近分布によって求められたもの。ラグは3期。

1）三和［2003］、271-274ページ他。
2）もちろん、為替レート政策には、為替レート自体のコントロールに関する技術的な問題や、為替レート政策が他国に与える影響から派生する国際政治的な困難が付随する。
3）比較的近年のものとしては、高橋財政期の為替レート政策につい1930年代の経済政策枠組みの中で綿密に整理・分析している三和［2003］や、1930年代の貿易構造を貿易相手国や品目、金額などの詳細なデータをもとに概観し、現代までに至る日本の貿易史の中に位置づけている奥［2012］などが挙げられる。
4）同様の検証を1975～2001年の四半期データを用いておこなっている先攻研究として、宮尾［2006］が挙げられる。本章は分析フレームワークの多くの部分を宮尾［2006］、第5章に倣っている。
5）ただし数期のラグをとるため、原データは数期前から利用している。1931年9月はイギリスの金本位制離脱と柳条湖事件（満州事変）、1937年7月は盧溝橋事件（日中戦争開始）の月にあたる。
6）各変数の原データの出典は以下の通りである。
   ①輸出額…藤野・五十嵐［1973］
   ②輸入額…藤野・五十嵐［1973］
   ③コールレート…藤野・五十嵐［1973］
   ④卸売物価指数…藤野・五十嵐［1973］
   ⑤円－ドル・レート…東京銀行編［1984］
   ⑥円－ポンド・レート…東京銀行編［1984］
7）為替レート系列に名目値を使用するのは、政策的な為替誘導に関心があるためである。なお、当該期の基準相場は1933年3月8日に、対ドル・レートから対ポンド・レートに変更されているが、本稿では全サンプル期間を通じて両為替レートを用いて分析する。
8）各変数を対数変換することで、変数の増加率の分析をおこなっている。
9）松浦・マッケンジー［2001］、263-267ページ他。
10）Sims［1980］は、こうした変数の扱い方が伝統的な計量モデルが軽視してきたデータの生成過程に注意を置くことにも繋がることから、VARモデルの使用を推奨している。
11）非定常系列には、単位根系列と発散系列があるが、経済変数としては発散系列は考えにくいため、ここでは定常性の検定として単位根検定をおこなう。
12）単位根の概念、及びADF検定・PP検定などの単位根検定については、蓑谷［2003］、376-429ページ、松浦・マッケンジー［2001］、229-261ページなどに詳しい。
13）本章では省略しているが、ADF検定以外の単位根検定としてPP検定（Phillips-Perron test）をおこなった。このPP検定によっても、ほぼ同様の結果が検出された。
14）各変数間の経済関係に検証の関心がある場合は、情報基準に頼らずラグ数はなるべく長めにとる方が良いとされている（畠中［1996］、161ページ他）が、本章ではある程

度の自由度を確保するため、最大6次（半年間）までのラグを想定した。なお、（表6-2）は4変数モデルについて。同様に5変数モデルについては、LR基準およびAIC基準、HQ基準が支持した5次のラグを採用した。

15) 松浦・マッケンジー［2001］、271ページ他。
16) ラグ次数は3次。
17) ここでいう「ブロック外生性（block exogeneity）を持つ」とは、ある変数xがどの被説明変数yに対してもグランジャー因果性を持っていないことである。なお、(4)式はラグ1次のケースである。
18) 金森・荒・森口［2001］、49ページ他。
19) （図6-2）・（図6-3）には、漸近分布に基づいて計算された95％信頼区間が破線で表示されている。
20) コレスキー分解をおこなう場合、理論的にはより外生性の高い順序で変数を並べる必要がある（松浦・マッケンジー［2001］）。
21) 宮尾［2006］、146ページ。
22) VARモデルに含まれる4変数の順序を変えておこなった複数の追加検証（例えば為替レートを最も外生的だと仮定する（ΔDollar, ΔShilling, ΔExport, ΔImport）や輸入を最も内生的だと仮定する（ΔExport, ΔDollar, ΔShilling, ΔImport,）など）においても、インパルス反応関数の形状及び後に検証する予測誤差の分散分解に大きな差異はみられなかった。
23) （図6-1）・（図6-2）は、輸出と輸入に対する短期（1ヶ月）のショックのフローの反応だけでなく、円－ドル・レート、円－ポンド・レートそれぞれの複数変数間の影響を表した全システムのインパルス反応関数の累積を表したものである。
24) ただし、金利ショックrの輸入に対する影響は、2～3期のプラス、4期以降数期にわたるマイナスの後の反動など経済学的な解釈が難しい。
25) ただし、第2節でおこなったグランジャー因果性テストにおいては、円－ドル・レートから輸出への因果性は有意に検出されなかったことから（表6-3）、単純に円－ドル・レートと円－ポンド・レートの合算が為替レートの影響力（為替レート政策の効果）となるわけではないことに注意が必要である。
26) 注25と同様に、第2節でおこなったグランジャー因果性テストにおいては、円－ポンド・レートから輸入への因果性は有意に検出されなかった（表6-3）。
27) 追加検証のサンプル期間を1934年末までとしたのは、横浜正金銀行の円－ポンド・レートの最後の改定が1934年10月18日におこなわれていることや、1933年末以降の急激な為替レート安定に対する構造調整に一定の時間を要すると考えられるため安定当初は旧レジームに含めるべきであること、などによる。
28) この検定結果から、ΔImportがブロック外生性を持つ変数であることが確認された。

  *Δ*Import を変数から除外した（*Δ*Export、*Δ*Dollar、*Δ*Shilling）の 3 変数 VAR、（*Δ*Export、*Δ*call、*Δ*Dollar、*Δ*Shilling）の 4 変数 VAR についても検証したが、輸出、為替レートに関する主要な分析結果は本稿の追加検証で扱っている 4 変数 VAR、5 変数 VAR と大きく変わらなかった。

29）このことは、高橋財政の為替低位安定政策の輸出促進効果が1932年から1936年頃までは存在していたとするいくつかの叙述的な先行研究とも整合性がある（三和［2003］、282-283ページ他）。

30）当該期の貿易相手国、貿易品目などを含めた貿易の構造的な分析については、奥［2012］などが詳しい。

31）金利平価理論とは、2国間通貨間の直物為替相場と先物為替相場との開きは関係2国間の短期金利の差に一致するという理論。もし一致しなければ、金利の裁定を目的とする国際的な短期資金の移動がおこり、これが為替の需給に影響して為替相場間の開きは短期金利の差に一致した点に落ち着く（金森・荒・森口編［2001］、264ページ）。

32）当該期の資本移動規制としては、外国為替管理法（1933年3月）や同時に告示された大蔵省による外国為替に関する投機の禁止が挙げられる。

終　章

1．各章の分析結果

　各章の実証結果を簡単にまとめると以下のようになる。

　第1章では、1930年代（1931年12月～1937年7月）のベースマネー（BM）、マネーサプライ（M1）、鉱工業生産指数（IIP）、コールレート（call）、株価指数（SP）の月次データを用いて、当該期の信用乗数の安定性と、貨幣需要関数の安定性について分析した。まず、BMとM1の2変数間について、エングル＝グランジャー検定（EG検定）によって共和分関係が存在することが実証された。また、ECMによる追加的な検証においてもBMとM1の均衡状態からの短期的な乖離が縮小する方向で調整されることが確認され、1930年代の日本の信用乗数が安定的だった、と結論付けられた。

　次に、M1、IIP、SP、Rの4変数についてのEG検定によって、貨幣需要と実体経済の間に長期均衡関係があるか否かを4つのモデルによって分析した結果、4つのモデル全てにおいて、貨幣需要と実体経済の間に共和分が存在することが実証された。さらに、ECMによる検証においても、4つのモデルともに誤差修正項の係数が有意にマイナスであることが確認され、M1とIIPの均衡状態からの短期的な乖離が均衡へと戻るよう調整されることが観察された。これらの検定結果から、1930年代の日本のマネーと実体経済の長期均衡関係が安定的だったことが実証された。

　第2章では、1930年代（1931年8月～1937年7月）のコールレート（call）、

公定歩合（BR）、国債利回り（GB）、証書貸付金利（loan）の4系列の金利変数を用いて金利の期間構造を分析し、金融政策の操作変数である可能性のある短期金利から中長期金利への影響を観察した。

まず、4系列のうちのそれぞれ2系列間の長期均衡関係を検証する6つの式に関する共和分検定（EG検定）では、call、BR系列の2変数間のみに共和分の存在が、また4系列間の長期均衡関係を検証する共和分検定（ヨハンセン検定）では、最大固有値検定・トレース検定のいずれにおいても、共和分ベクトルが1本のみ存在することが示された。またcall、BRの2系列間のヨハンセン検定もおこない、検出された共和分ベクトルからVECMを推計した結果、ECT項が有意にマイナスを示していたため、call、BRの2系列間に長期均衡関係があることが確認された。さらに追加的におこなったグランジャー因果性検定によっても、BRからcallへの影響が（ラグ6以上では2系列が互いに影響を与えあっていたこと）が確認された。以上の共和分検定の結果から、call、BR、GB、loanの4種の金利系列間においては、call、BRの2系列間にのみ長期均衡関係が存在するが、その他の系列間には共和分関係が存在しないことが実証された。

第3章では、1930年代（1931年8月～1937年7月）のコールレート（call）、銀行貸付金利（証書貸付）（loan）、長期国債利回り（GB）、東京小売物価指数（RPI(t)）、卸売物価指数（WPI(t)）の5変数を用いて、当該期にフィッシャー仮説が成立していたか否かについて検証した。

単位根検定を踏まえて、期待インフレ率と名目利子率との間の長期均衡関係を検証する4つの式に関する共和分検定（EG検定）をおこなったところ、いずれも残差系列が非定常であるという帰無仮説が有意に棄却されず、期待インフレ率（RPI(t)・WPI(t)）と名目利子率（call、loan、GB）との間に共和分ベクトルが存在しないことが検証された。すなわち、フィッシャー仮説が成立していなかったことが実証された。

終　章

　第4章では、1930年代（1931年12月～1937年7月）のベースマネー（BM）：m、コールレート（call）：r、東京小売物価指数（RPI）：p、鉱工業生産指数（IIP）：y、名目対米為替レート（E）：eの5変数の月次データを用いて、BMを金融政策変数と仮定する（m-r-p-e-y）5変数の構造VARモデルによって、金融政策が物価及び生産に与える効果について実証的に分析した。
　まずインパルス反応関数の形状から、BMが、RPIとIIPにプラスの影響を与えていることが確認された。また予測誤差の分散分解によると、そのRPIの変動に対する定量的な影響力はかなり大きい上に、IIPの変動についても持続的に一定の影響を与えていたことが説明された。さらにEについてのリカーシブ制約（変数順序）を変えたいくつかのモデル、及びEの代わりに株価指数：SPを用いた5変数モデルによる追加的検証によっても金融政策の与える効果は概ね安定的であり、5変数モデルによる実証結果が支持される結果となった。

　第5章では、1930年代（1931年8月～1937年7月）の実質ベースマネー残高（BM/P）、実質現金通貨残高（C/P）、卸売物価指数（WPI(t)）の3変数を用いて、当該期の財政が持続性を有していたか否かについて、シニョレッジと物価変動に着目して検証した。2種の実質貨幣残高系列（BM/P、CASH/P）とインフレ率（WPI(t)）との間の長期均衡関係を検証する共和分検定（ヨハンセン検定）をおこなった結果、最大固有値検定・トレース検定のいずれにおいても、2系列間に共和分ベクトルが存在しないことが示された。

　第6章では、1930年代（1931年9月～1937年7月）の輸出額（Export）：EX、輸入額（Import）：IM、コールレート（call）：k、円－ドル・レート（Dollar）：e1、円－ポンド・レート（Shilling）：e2の5変数を用いて、当該期日本の貿易と為替レートの相互関係について、callを除いた4変数VARモデルと5変数VARモデルで検証した。その結果、為替レートと輸出・輸入の関係については、まずグランジャー因果性検定の結果から、円－ドル・レートか

らは輸入へ（10％有意）、円－ポンド・レートからは輸出へ（5％有意）、それぞれの変動について説明力をもつことが示された。またVARモデルにおけるインパルス反応関数の形状と予測誤差の分散分解からも、円－ドル・レートショックからは輸入へ、円－ポンド・レートショックからは輸出へという動学的な波及効果が確認された。

そして追加的に、1930年代前半（～1934年12月）の同種のデータを用いた4変数と5変数VARモデルの検証をおこない、全サンプル期間（～1937年7月）の間に構造変化がなかったかについても分析した。検証結果には、全サンプル期間に比して、①輸出に対する円－ポンド・レート変動の影響が大きい、②輸出に対するコールレート変動の影響が大きい、③輸入と他の変数との因果性が存在しない、という相違があったが、インパルス反応の形状や他の変数の相互関係などから第6章の検証に用いた4変数と5変数VARモデルの頑健性が再確認された。

2．まとめ

各章における実証分析の結果から得られたインプリケーションを以下で簡単にまとめ、本書の総括とする。

第1章の実証分析によって、①日本銀行はベースマネーを供給することで信用乗数の過程を通じてマネーサプライをコントロール出来得る環境下にあったこと、②貨幣需要関数が安定していたこと、が明らかになった。このことから、当該期の日本銀行はマネーを一定の目標水準にコントロールすることで、実体経済における望ましい生産水準に対応させることが可能であったことが示唆される。すなわち、1930年代の日本銀行は、金融政策の自律性を発揮し得る環境を保持し得ており、1940年代以降の戦時期・戦後期のハイパー・インフレーションに繋がるような金融の制御能力を喪失した状況にはなかったと考えられる。

第2章の実証分析によって、①金利の期間構造から観測すると、公定歩合及びコールレートは中長期金利に影響を与えていなかったこと、②1930年代の

終　章

コールレートは公定歩合に連動していたこと、が明らかになった。このことは、当該期の日本銀行が金融操作変数として公定歩合やコールレートなどの金利変数ではなく量的指標を重視していた可能性を示唆している。

　第3章の実証分析によって、1930年代の日本においてはフィッシャー仮説が妥当しないことが定量的に明らかになった。この分析結果は、期待インフレ率が名目利子率に影響を与えるというチャネルが、当該期にはなかったことに他ならない。すなわち、当該期の金融緩和政策（金本位制離脱、日本銀行の新規発行国債引受）は、1920年代のデフレを克服した後は、1930年代を通じて期待インフレ率を高めることによって名目利子率を押し上げることはなかった。このことは、少なくとも当該期の金融政策にはさらなる緩和余地が残されていた可能性を示唆している。

　第4章の実証分析によって、1930年代の日本銀行の金融政策変数をベースマネーとすると、インパルス反応から、金融政策ショックが小売物価指数と鉱工業生産指数にプラスの影響を与えていることが確認された。また、予測誤差の分散分解から、その物価の変動に対する定量的な影響力はかなり大きい上、生産の変動についても持続的に一定の影響を与えていることが説明された。このことは、当該期の緩和的な金融政策が、生産に一定程度の持続的な影響を与えていただけでなく、物価変動への影響力も有していたことを示唆している。

　第5章の実証分析によって、1930年代日本においては、新規国債の日銀直接引受の増大という形で政府にシニョレッジ追求傾向があったにもかかわらず、インフレーションは加速していなかったことが明らかになった。このことから、当該期の日本の財政がいまだ持続可能性を保持していたことが示された。この分析結果は、1930年代のいわゆる「高橋財政」期の財政金融政策が、第二次大戦後のハイパー・インフレーションの直接の要因となっていた訳ではなく、当該期のシニョレッジの拡大は、1920年代以来のデフレ克服に成功した後も、経済成長に伴う実質貨幣残高の増大の範囲内に収められていたことを示唆している。

　第6章の実証分析によって、円－ドル・レートからは輸入へ、円－ポンド・

レートからは輸出へ、それぞれの変動について説明力をもつことが示された。これは、当該期の為替低位安定政策による輸出入への効果が定量的に計測され、いわゆる「支出スイッチ効果」の存在が確認されたことになる。また、コールレートから輸出と両為替レートへ強い説明力が計測された。これは、為替低落が金融緩和政策そのものに起因することや、いわゆる「金利平価理論」が成立していることを示している。特に後者が重要なのは、金利平価理論の成立前提としては通貨そのものの金融資産化と自由な資本移動による裁定取引があるはずだからである。このことから、高橋財政期の資本移動規制は極めて不完全だった可能性が示唆された。

　以上みてきたように、1930年代の日本銀行の金融政策は、物価上昇、生産拡大、為替下落による輸出促進などへの影響を示しており、大枠では成功していたと総括できる。また、政策レジームを取り巻く政策実施環境も比較的良好で、新発国債日銀引受による金融緩和の背後にある財政問題についても未だ拡張の余地を残しており、財政持続性を維持していたと考えられる。もちろん、こうしたマネタリーな側面の成功が、当該期に急速に進んだ軍事化を内包した重化学工業化に伴う資源制約・市場制約を、それだけで克服できるものであったはずはなく、1930年代の景気回復は極めて不安定なバランスの上に成り立つものであった。しかし日中戦争開始以前（～1937年7月）という限られた期間ではあるが、当該期の一応の成功をおさめた当該期の金融政策についてより深く分析していくことは、現代の金融政策を考察する際にも必ず新たな知見を与えてくれるはずである。

　本書の抱える多くの課題は既に各章においてまとめられているので再掲しないが、特に本書の検証結果を先行研究における史料分析による叙述的な実証と照合する作業は大いに不十分である。今後は、より一層精緻な定量的分析を進めるとともに、現代の金融環境との相違に留意しつつ、史料を活用して当該期の制度の特殊性などについても検討していく必要があるだろう。今後の課題としたい。

原データ一覧

　以下のグラフは各章の分析で用いた経済時系列変数の原データである。ただし、各章によって分析期間に数か月の差異がある。また、各データの出典については各章のデータ紹介の項における注を参照のこと。

①ベースマネー：BM

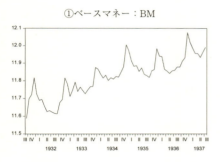

②現金残高：CASH

③マネーサプライ：M1

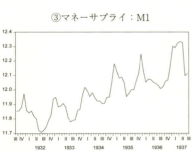

④鉱工業生産指数：IIP

⑤株価指数：SP

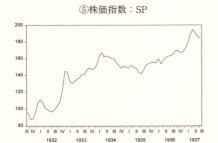

⑥輸出：EX

⑦輸入：IM

⑧円－ポンド・レート：e2

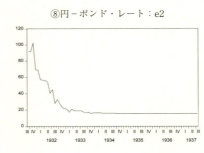

⑨円－ドル・レート：e2

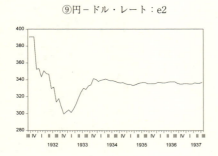

⑩小売物価指数：RPI

原データ一覧

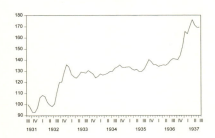
⑪卸売物価指数：WPI

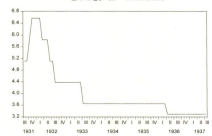
⑫公定歩合：Bankrate

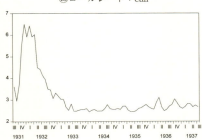
⑬コールレート：call

⑭銀行貸出金利：Loan

⑮国債利回り：GB

注）ベースマネー、現金残高、マネーサプライは対数変換済みの系列。物価系列（小売物価指数、卸売物価指数）は1931年8月＝100とした指数。金利系列（公定歩合、コールレート、銀行貸出、国債利回り）は年利換算。

参考文献

浅子和美・福田慎一・照山博司・常木淳・久保克行・塚本隆・上野大・午来直行「日本の財政運営と異時点間の資源配分」『経済分析』第131号、内閣府経済社会総合研究所、1993年8月。

浅子和美・村達男「利子率と物価水準：日本におけるギブソン・パラドックスについて」『フィナンシャル・レビュー』大蔵省財政金融研究所、1991年3月。

安達誠司『脱デフレの歴史分析―「政策レジーム」転換でたどる近代日本―』藤原書店、2006年。

飯田泰之・岡田靖「昭和恐慌と予想インフレ率の推計」岩田規久男編『昭和恐慌の研究』東洋経済新報社、pp.187-217、2004年。

石井寛治編『日本銀行金融政策史』東京大学出版会、2001年。

井手英策「新規国債の日銀引受発行制度をめぐる日本銀行・大蔵省の政策思想―管理通貨制度への移行期における新たな政策体系―」『金融研究』第20巻第3号、日本銀行金融研究所、2001年。

伊藤隆康『長期金利と中央銀行―日本における金利の期間構造―』日本評論社、2005年。

稲葉大・小林慶一郎「金融システムの不安定化と実体経済への波及」『RIETIディスカッション・ペーパーシリーズ』J-013号、2003年

岩田一政・日本経済研究センター編『量的・質的金融緩和―政策の効果とリスクを検証する―』日本経済新聞出版社、2014年。

植月貢『短期金融市場入門』東洋経済新報社、2002年。

梅田雅信「1930年代前半における日本のデフレ脱却の背景：為替レート政策、金融政策、財政政策」『金融研究』第25巻第1号、日本銀行金融研究所、pp.145-181、2006年。

大村敬一・浅子和美・池尾和人・須田美矢子『経済学とファイナンス（第2版）』東洋経済新報社、2004年。

岡崎哲二「戦間期の金融構造変化と金融危機」『経済研究』Vol44、No.4、1993年。

岡田靖・安達誠司・岩田規久男「大恐慌と昭和恐慌に見るレジーム転換と現代日本の金融政策」原田泰・岩田規久男編『デフレ不況の実証分析―日本経済の停滞と

再生―』東洋経済新報社、2002年。
奥和義『日本貿易の発展と構造』関西大学出版部、2012年。
金森久雄・荒憲治郎・森口親司編『経済辞典（第3版）』有斐閣、2001年。
木村武・藤田茂「金融不安とマネー、実体経済、物価の関係について」『日本銀行調査局ワーキング・ペーパー』99-6、1999年。
国宗浩三「通貨発行益（シニョリッジ）と途上国財政」柏原千英編『開発途上国と財政問題』調査研究報告書第9章、アジア経済研究所、2008年。
久保公二「ミャンマーのマクロ経営運営の持続性について―シニョレッジによる財政補填を中心として―」『アジア経済』48巻2号、アジア経済研究所、pp.2-19、2007年2月。
後藤新一『日本短期金融市場発達史』日本経済評論社、1986年。
坂野慎哉・黒田祥子・鈴木有美・蓑谷千凰彦『応用計量経済学Ⅲ』多賀出版、2004年。
佐竹光彦「日本におけるフィッシャー仮説の検証―TARモデルを用いた一考察―」『経済学論叢』第57巻3号、同志社大学経済学会、pp.173-190、2006年3月。
佐藤綾野・中澤正彦・原田泰「昭和恐慌期の財政政策と金融政策はどちらが重要だったか？」『ESRIディスカッション・ペーパーシリーズ』No.176、内閣府経済社会総合研究所、2007年。
島謹三「いわゆる『高橋財政』について」『金融研究』第2巻第2号、日本銀行金融研究所、1983年。
鎮目雅人「戦間期日本の経済変動と金融政策対応―テイラールールによる評価―」『金融研究』第21巻第2号、日本銀行金融研究所、2002年。
鎮目雅人『世界恐慌と経済政策―「開放小国」日本の経験と現代―』日本経済新聞出版社、2009年。
清水啓典「利子率体系とインフレーション」『一橋大学研究年報商学研究』、第20巻、pp.113-181、1978年。
白川方明『現代の金融政策―理論と実際―』日本経済新聞社、2008年。
高木信二「戦間期日本経済と変動為替相場」『金融研究』第8巻第4号、日本銀行金融研究所、pp.109-140、1989年。
高橋洋一「プラクティカル国債管理政策―郵政民営化と整合的な国債管理政策―」『フィナンシャル・レビュー』財務省財政金融研究所、2004年。
田中秀臣・安達誠司『平成大停滞と昭和恐慌―プラクティカル経済学入門―』日本放送出版協会、2003年。

参考文献

テミン、ピーター（Peter Temin）（猪木武徳他訳）『大恐慌の教訓』東洋経済新報社、1994年。
照山博司「VARによる金融政策の分析：展望」『フィナンシャル・レビュー』第59号、財務省財務総合政策研究所、pp.74-140、2001年。
東京銀行編『横浜正金銀行全史』第6巻、正金史年表・調査統計資料、1984年。
東洋経済新報社編『東洋経済経済年鑑』第27回（昭和18年度版）、1943年。
富田俊基「日本国債のリスクプレミアム」『知的資産創造』2002年12月。
富田俊基『国債の歴史―金利に凝縮された過去と未来』東洋経済新報社、2006年。
内藤友紀「1930年代日本のマネーと実体経済の長期的関係について―信用乗数と貨幣需要関数の安定性―」『社会経済史学』74巻4号、pp.47-63、2008年11月。
内藤友紀「1930年代における金融政策の効果」『政策創造研究』第3号、関西大学、pp.15-39、2010年3月。
内藤友紀「1930年代の日本におけるフィッシャー効果について―共和分検定による実証分析―」『経済論集』第60巻第2、3号、関西大学経済学会、pp.15-28、2010年12月。
内藤友紀「1930年代の日本におけるシニョレッジについて―実質マネー残高とインフレ率の長期関係から見た財政持続性―」『経済論集』第62巻第2号、関西大学経済学会、pp.179-193、2012年9月。
内藤友紀「1930年代の日本における為替レート政策の効果―為替変動と輸出入の関係についての定量的分析―」『政策創造研究』第6号、関西大学、pp.47-80、2013年3月。
内藤友紀「1930年代の日本における金利の期間構造―共和分検定による政策操作変数の分析―」『政策創造研究』第9号、関西大学、pp.125-143、2015年3月。
中澤正彦・原田泰「大恐慌期のデフレーションと財政金融政策」『フィナンシャル・レビュー』、第66号、財務省財務総合政策研究所、2002年。
中澤正彦・原田泰「なぜデフレが終わったのか：財政政策か、金融政策か」岩田規久男編『昭和恐慌の研究』第8章　東洋経済新報社、2004年。
永野護「シニョレッジとインフレーションの財政学―アジア10カ国長期データによる実証分析―」『MRI Monthly Review in Economics and Finance』02-10、三菱総合研究所、pp2-19、2002年10月。
長原徹「フィッシャー効果と流動性プレミアム：実証分析」『立教経済学研究』第60巻第3号、pp113-124、2007年2月。

中村隆英『戦前期日本経済成長の分析』岩波書店、1971年。
中村宗悦『経済失政はなぜ繰り返すのか―メディアが伝えた昭和恐慌―』東洋経済新報社、2005年。
日本銀行『日本銀行百年史』第4巻、1984年。
日本銀行調査局特別調査室『満洲事変以後の財政金融史』、1948年。
日本銀行調査局編『日本金融史資料　昭和編』第9巻、大蔵省印刷局、1964年。
日本銀行調査局編『日本金融史資料　昭和続編』第11巻、大蔵省印刷局、1978年。
畑瀬真理子「戦間期日本の為替レート変動と輸出―1930年代前半の為替レート急落の影響を中心に―」『金融研究』、日本銀行金融研究所、pp.97-136、2002年6月。
畠中道雄『計量経済学の方法　改訂版』創文社、1996年。
原田泰「昭和恐慌期のマネーと銀行貸出は、どちらが重要だったか」『経済分析』No.177号、内閣府経済社会総合研究所、2005年。
原田泰・佐藤綾野『昭和恐慌と金融政策』日本評論社、2012年。
バーナンキ、ベン（Ben Bernanke）（高橋洋一訳）『リフレと金融政策』日本経済新聞社、2004年。
フィッシャー、アービング（Irving Fisher）（気賀勘重・気賀建三訳）『利子論』日本経済評論社、1980年。
藤野正三郎『日本のマネー・サプライ』到草書房、1994年。
藤野正三郎・五十嵐副夫『景気指数：1888～1940』一橋大学経済研究所日本経済統計センター、1973年。
細野薫・杉原茂・三平剛『金融政策の有効性と限界』東洋経済出版社、2001年。
松浦克巳、C・マッケンジー『Eviewsによる計量経済分析』東洋経済新報社、2001年。
松浦克巳、C・マッケンジー『Eviewsによる計量経済分析（第2版）』東洋経済新報社、2012年。
マッカラム、B（McCallum, B.T.）（畳間文彦・金子邦彦訳）『マクロ金融経済分析―期待とその影響―』成文堂、1989年。
マッキノン、R・I、（McKinnon, R, I）（日本銀行「国際通貨問題研究会」訳）『ゲームのルール』ダイアモンド社、1994年。
三菱経済研究所編『本邦財界情勢』財団法人三菱経済研究所、第89号（昭和11年1月）～第118号（昭和13年6月）、1936年～1938年。
蓑谷千凰彦『計量経済学（第2版）』多賀出版、2003年。
宮尾龍蔵『マクロ金融政策の時系列分析―政策効果の理論と実証―』日本経済新聞社、

2006年。

三和良一『戦間期日本の経済政策史的研究』東京大学出版会、2003年。

吉川洋・塩路悦朗「戦前期日本経済のマクロ分析」吉川洋・岡崎哲二編『経済理論の歴史的パースペクティブ』第6章、東京大学出版会、pp.153-180、1990年。

吉野俊彦『日本銀行制度改革史』東京大学出版会、1962年。

吉野俊彦『日本銀行史』第3巻、春秋社、1977年。

吉野俊彦『これがデフレだ』日本経済新聞社、2001年。

ローマー、デビッド（David Romer）（堀雅博・岩成博夫・南條隆訳）『上級マクロ経済学（原著第3版）』日本評論社、2010年。

若田部昌澄「歴史に学ぶ 大恐慌と昭和恐慌が教えるもの」（岩田規久男『まずデフレをとめよ』第5章、日本経済新聞社、2003年。

和合肇・伴金美『TSPによる経済データの分析（第2版）』東京大学出版会、1999年。

Adams F.Gerard, Klein R.Larence, Yuzo Kumasawa and Akihiko Shinozaki. 2008, "The East Asian growth process and IT", *Accelerating Japan's Economic Growth*, ch.6, Routledge.

Bailey, Martin J. 1956, "The Welfare Cost of Inflationary Finance", *Journal of Political Economy*, no.64, pp.93-110.

Cagan, Phillip. 1956, "The Monetary Dynamics of Hyperinflation." In *Studies in the Quantity Theory of Money*. Milton Friedman ed. Chicago: University of Chicago Press, pp25-117.

Cha, Myung Soo. 2003, "Did Takahashi Korekiyo Rescue Japan from the Great Depression?," *Journal of Economic History*, vol.63, No.1. pp.127-144.

Davidson, R. and J Mackinnon. 1993, *Estimation and Inference in Econometrics*, Oxford University Press, New York.

Engle, R.F. and C.W.J. Granger. 1987, "Co-Integration and Error Correction: Representation, and Testing," *Econometrica*, Vol.55, pp.251-276.

Fischer, Irving. 1933, "*The Debt-Deflation Theory of Great Depressions,.*" *Econometrica*, No.1, (October), pp337-357.

Granger, C. W. J. and P. Newbold. 1974, "Spurious Regressions in Econometrics," *Journal of Econometrics*, Vol.2, pp.111-120.

Hamori, Shigeyuki and Naoko Hamori, 2000. "An Empirical Analysis of Economic Fluctuations in Japan: 1885-1940", *Japan and the World Economy* 12: 11-19.

Hall, A.D., H.M. Anderson and C.W.J. Granger. 1992. "A Cointegration Annalysis of Treasury Bill Yields," *Review of Economics and Statistics*, Vol.74, pp.116-126.

Hicks, J.R. 1946, *Value and capital*, 2nd eds., Oxford University Press, London.

Johansen, S. 1988, "Statistical Analysis of Cointegrated Vectors," *Journal of Economic Dynamics and Control*, Vol.12, pp.231-254.

Karfakis, C. and D. M. Moschos. 1995, "The Information Content of the Yield Curve in Australia," *Journal of Macroeconomics*, Vol.17, pp.93-119.

Kiguel, Miguel and Pablo Andres Neumeyer 1995. "Seigniorage and Inflation: The Case of Argentina." *Journal of Money, Credit and Banking* 27(3), pp6 72-682.

Kindleberger, C.P. 1973., *The World in Depression, 1929-1939*, London: Allen Lane.

Lucas, R.E.Jr. 1976. "Econometric Policy Evaluation: A Critique", in K. Brunner and A.H. Meltzer eds., *The Phllips Curve and Labor Markets*, Amsterdam, North-Holland.

Mackinnon, J. 1991, *"Critical Values for Cointegration Tests"*, Engle, R.F and C.W.J. Granger ed, *Long-Run Economic Relationships: Readings in Cointegration*, Oxford University Press, New York.

McCallum, B.T. 1989, *Monetary Economics theory and Policy*, Macmillan Publishing Company.

McKinnon, R, I. 1993, "International Money in Historical Perspective", *Journal of Economic Literature*, Vol/31, pp1-44.

Mishkin F.S. 1981, "The Real Interest Rate: An Empirical Investigation", in K.Brunner and Allan H. Meltzer, ed., *The Cost and Consequences of Inflation*, Carnegie-Rochester Conference Series on Public Policy, Vol.15, pp.151-200.

Sims, Christopher A. 1980, Macroeconomics and Reality, *Econometrica*, vol.48, No.1, 19.

Sriram, Subramanian S. 2001, "A Survey of Recent Empirical Money Demand Studies." *IMF Staff Papers* 47(3), pp3 34-365.

Temin, Peter. 1989., *Lessons of The Great Depression*, MA: MIT Press, Cambridge.

あとがき

　本書は初出一覧にも収録した通り、筆者がこれまでに発表した論文を加筆・修正してまとめたものである。本書をまとめるまでに、多くの先生方からのご指導・ご鞭撻をいただいた。

　京都大学経済学部の学部生時の指導教官である池上惇先生に、経済学という学問の深遠な面白さについて毎週の演習においてお話いただいたことが、その後研究を志すきっかけとなった。数年間の銀行員生活を経て、人より遅れて大学院進学した京都大学経済学研究科においては、多くの諸先生方からご指導いただいた。堀和生先生には、ご専門の経済史の門外漢であった私を受け入れていただき、常に親身なご指導を賜った。山本有造先生には、修士課程1年次から演習参加をお許しいただき、現在の私の研究のベースとなっている数量経済史や金融論について基礎からご指導を賜った。

　大学院では、多くの優れた先輩・同輩・後輩の方々にお会いできたことも幸運であった。特に菅原歩、木越義則の両氏には、大学院生としての基礎も出来ていなかった筆者に初歩的なことも含めてご指導をいただいた上、演習参加後には研究上の刺激となる様々な有意義な議論のお相手をしていただいた。その他、演習等でお世話になった堀内義隆、福岡正章、大澤篤、中屋宏隆、王大川、竹内祐介、D・ブルースの諸氏には感謝申し上げたい。

　関西大学に奉職してからは、政策創造学部の同僚の先生方に常々大変にお世話になっている。特に奥和義先生には、大学着任時から研究者としてだけでなく一社会人としても日々ご指導を賜っている。また大学院時代の先輩でもある河﨑信樹先生、橋口勝利先生のお二人には、未だに一後輩として公私にわたってお世話になり甘えさせていただいている。本書は、こうした先生方との交流を通じてようやく完成したものである。心からお礼を申し述べたい。

　また筆者に対して、社会人としての基礎を与えてくれたかつての第一勧業銀

行と、本書をまとめるにあたり優れた研究環境を提供して頂いた関西大学政策創造学部に対して、深く感謝したい。

　本書の刊行にあたっては、関西大学の平成29年度研究成果出版補助金を頂いている。また関西大学出版部の保呂篤志氏にはお世話になった。ここに記して感謝の意を表したい。

　最後に、幼少からこれまで筆者を常に温かく見守り、惜しみなく支援を続けてくれた両親（父允昭、母久代）に心から感謝し、本書を捧げたい。

　2017年10月

内藤友紀

索　引

い

犬養毅政友会内閣　10, 92
井上準之助蔵相　10, 91
インパルス反応（Impulse-responses）　3, 61, 68, 110
インフレ期待　3, 45, 49, 57
インフレ税　95, 104, 105

う

売りオペレーション　42, 65, 87, 92

え

エングル＝グランジャー検定（Engle-Granger test, ADF test for cointegration）　14

お

大蔵省証券引受　30, 92

か

貨幣需要関数　2, 7, 16, 18, 19, 21, 22, 23, 27, 95, 96, 139, 142
為替低位放任　92, 107
為替レート政策　3, 107, 108, 109, 136, 137
管理通貨体制　10, 64, 65

き

ギブソン・パラドックス　48, 57
共和分検定（Cointegration test）　2
金兌換停止　61, 65
金本位制　1, 4, 8, 10, 25, 43, 44, 47, 48, 56, 58, 61, 65, 87, 104, 106, 136, 143
金本位制離脱　4, 8, 44, 48, 56, 61, 87, 104, 106, 136, 143
金融政策ショック　62, 63, 64, 65, 67, 68, 69, 70, 71, 72, 73, 74, 75, 76, 77, 79, 80, 88, 89, 90, 143
金融政策の操作変数　3, 29, 31, 40, 140
金融政策変数　3, 9, 29, 30, 31, 41, 63, 64, 65, 66, 67, 69, 81, 90, 141, 143
金融政策レジーム　1, 2, 8, 11, 23, 25, 61
金輸出再禁止　11, 24, 30, 61, 65, 92
金利の期間構造　2, 3, 29, 30, 31, 32, 40, 41, 42, 47, 50, 56, 57, 66, 140, 142
金利平価理論　119, 130, 138, 144

く

グランジャー因果性検定（Granger causality test）　33

こ

公開市場操作　41, 42, 65, 87, 92
構造VAR（Structural Vector Auto-Regression）モデル　3
公定歩合　2, 29, 31, 32, 36, 38, 39, 40, 41, 43, 44, 63, 92, 140, 142, 143
コールレート　2, 3, 9, 11, 17, 18, 21, 22, 26, 29, 31, 32, 36, 38, 40, 41, 43, 44, 50, 51, 55, 57, 64, 65, 66, 67, 69, 70, 71, 72, 73, 75, 76, 77, 78, 79, 80, 81, 82, 83, 84, 85, 86, 88, 89, 90, 110, 111, 116, 122, 123, 127, 129, 130, 133, 135, 136, 139, 140, 141, 142, 143, 144

さ

再建金本位制　1, 10
財政政策変数　9, 30, 31, 63, 64, 81
財政の持続可能性　3, 91, 94
最大固有値検定　33, 37, 38, 41, 98, 101, 102, 103, 140, 141

し

シニョレッジ　91, 92, 94, 95, 96, 97, 103, 104, 105, 141, 143
資本移動規制　25, 92, 107, 130, 138, 144
新発国債日銀引受け　8
信用乗数　2, 7, 8, 9, 12, 15, 16, 19, 22, 23, 25, 26, 27, 139, 142

た

高橋是清蔵相　92
高橋財政　4, 8, 21, 24, 27, 47, 57, 61, 92, 93, 104, 105, 107, 130, 136, 138, 143, 144
単位根検定　3, 12, 14, 17, 18, 26, 32, 33, 34, 35, 40, 43, 44, 50, 51, 52, 53, 54, 55, 58, 88, 91, 96, 97, 98, 99, 100, 101, 103, 106, 111, 136, 140

て

定常性　13, 17, 26, 32, 43, 44, 51, 58, 97, 106, 111, 127, 136
デフレーション　1, 8, 46, 61, 64, 92

と

トレース検定　33, 36, 37, 38, 41, 98, 101, 102, 103, 140, 141

は

ハイパー・インフレーション　1, 8, 23, 61, 97, 104, 142, 143

浜口雄幸民政党内閣　10, 91

ふ

フィッシャー効果　3, 44, 45, 46, 48, 49, 52, 55, 56, 57

へ

ベースマネー　2, 3, 7, 8, 9, 11, 12, 13, 14, 15, 21, 22, 25, 30, 31, 41, 63, 64, 65, 66, 67, 69, 70, 71, 72, 73, 75, 77, 78, 79, 80, 81, 82, 83, 84, 85, 86, 87, 88, 89, 92, 97, 102, 103, 105, 139, 141, 142, 143
ベクトル誤差修正モデル（Vector Error Correction Model; VECM）　38

ま

マネーサプライ　2, 7, 9, 11, 12, 13, 14, 15, 17, 18, 19, 21, 22, 23, 25, 27, 31, 43, 46, 62, 63, 64, 139, 142

ゆ

誘導型VARモデル　3, 72, 110

よ

予測誤差の分散分析（forecast error variance decomposition）　3, 61
ヨハンセン検定（Johansen test）　32

ら

ランダムウォーク　49, 51, 57, 58

り

リザーブ　31, 41
流動性プレミアム　56

索　引

アルファベット

ADF 検定（Augmented Dickey-Fuller test）　13, 32, 33, 51, 52, 66, 97, 100, 111, 112, 124

ECM（Error Correction Model：誤差修正モデル）　15

PP 検定（Phillips-Perron test）　26, 32, 34, 51, 53, 66, 97, 100, 136

VECM（Vector Error Correction Model）　3, 9, 63, 96

【著者略歴】

内藤　友紀（ないとう　とものり）
1973年静岡市生まれ。1997年京都大学経済学部卒業。京都大学博士（経済学）。第一勧業銀行（現みずほ銀行）などを経て、現在、関西大学政策創造学部准教授。

【主著】

「1930年代日本のマネーと実体経済の長期的関係について―信用乗数と貨幣需要関数の安定性―」単著（『社会経済史学』第74巻第4号、2008年）
「2000年代の国際コモディティ価格形成の要因と調整―部分調整モデルによる分析―」共著（東北大学研究年報『経済学』Vol.71 Nos.1・2、2010年）
「2008～09年の日本における株式価格下落について―VARモデルによる要因分析―」単著（関西大学『経済論集』第60巻第1号、2010年）等

1930年代における日本の金融政策
――時系列分析を用いた定量的分析――

2017年10月31日　発行

著　者	内　藤　友　紀
発行所	関　西　大　学　出　版　部
	〒564-8680 大阪府吹田市山手町3丁目3番35号
	電話 06(6368)1121 ／ FAX 06(6389)5162
印刷所	株式会社 図書印刷 同　朋　舎
	〒600-8805 京都市下京区中堂寺鍵田町2

© 2017 Tomonori NAITO　　　　printed in Japan

ISBN 978-4-87354-664-3　C3033　　落丁・乱丁はお取替えいたします。